Len Woods

Du bist... so viel mehr!

Über den Autor

Len Woods kommt aus Louisiana. Er absolvierte ein Journalistikstudium und schloss danach einen Master in Theologie an. Bevor er sich ganz seiner Autorentätigkeit verschrieb, war er Jugendpastor, Zeitschriftenredakteur, College-Pastor und Senior-Pastor. Seit 1990 hat Len Woods mehr als 20 Bücher selbst geschrieben oder mitgeschrieben und arbeitete dabei mit bekannten Autoren wie Max Lucado, John MacArthur und Steve Arterburn zusammen. Es ist sein Anliegen, innovative und praktische Ressourcen für geistliches Wachstum zu entwickeln. Len Woods ist verheiratet und hat zwei erwachsene Kinder.

Len Woods

Aus dem Amerikanischen von Silvia Lutz

Du bist so viel mehr

100 Zusagen, wer du in Gottes Augen wirklich bist

Inhalt

EINLEITUNG

2012 erzählte die berühmte Countrysängerin Dolly Parton in einem Interview, dass sie einmal heimlich an einem Wettbewerb teilgenommen habe, bei dem darüber abgestimmt wurde, wer bestimmten Prominenten am ähnlichsten sehe. Sie landete hinter mehreren Dolly-Parton-Doubles weit abgeschlagen auf dem letzten Platz! „Ich war die Dolly, die den wenigsten Applaus bekam", gestand sie schmunzelnd.

Dolly Partons Anekdote ist zwar amüsant, aber sie macht auch nachdenklich. Fast täglich sendet unsere Kultur uns verwirrende Botschaften zu der Frage, wer wir angeblich sind. Jeder von uns – manche mehr, manche weniger – will wissen, wer er wirklich ist. Diese Frage steckt hinter dem aktuellen Trend, sich auf die Suche nach der eigenen Identität zu machen. Sie erklärt auch die große Nachfrage nach DNA-Tests. Mehr als je zuvor wollen die

Menschen etwas über ihre Vorfahren und ihre Abstammung erfahren.

Bei der Frage „Wer bin ich?" blicken viele nach außen. Sie lesen Bestsellerbücher zum Thema Selbstfindung. Sie pilgern, um sich selbst zu finden. Sie geben viel Geld für Konferenzen mit sogenannten Life Coaches aus, weil sie hoffen, sich eine neue Identität und ein neues Leben schaffen zu können.

In diesem Buch wollen wir nicht nach außen, sondern nach oben blicken. Eine gesunde Identität erreichen wir nicht aus eigener Kraft. Gott schenkt sie uns – durch Gnade und durch unseren Glauben an Jesus Christus.

Wir laden Sie ein, mit eigenen Augen zu lesen, was Gott in der Bibel über Sie sagt. Sie werden feststellen, dass eine Identität in Jesus Christus mehr als nur aufregend ist – sie verändert Ihr Leben!

DAS
PROBLEM

Die Unsicherheit, wer wir sind

1 Identitätsdiebstahl

Der Dieb kommt, um zu stehlen,
zu schlachten und zu vernichten.
Ich aber bringe Leben – und dies im Überfluss.

JOHANNES 10,10

Laut der amerikanischen Kommission für Verbraucherschutz wird jede Minute etwa 19 US-Bürgern ihre Identität gestohlen. Vielleicht haben Sie schon Interviews mit Opfern solcher Diebstähle gehört. Sie mussten viel Geld und Zeit aufwenden, um ihr Vermögen zurückzubekommen und ihren Namen wieder reinzuwaschen.

Einerseits ist Identitätsdiebstahl ein neues Phänomen. Andererseits ist dieser Diebstahl so alt wie die Menschheit selbst. In der Bibel lesen wir, dass Gott den Menschen eine unvergleichliche Identität gibt: Wir sind sein geliebtes Ebenbild und wurden zu seiner Ehre geschaffen.

Jesus erklärt jedoch, dass es einen Feind gibt, der Gottes Pläne sabotieren will. Einen Dieb, der „kommt, um zu stehlen, zu schlachten und zu vernichten."

Dieser Dieb ist der Teufel. Mit Lügen (1. Mose 3,4; Johannes 8,44) und Anschuldigungen (Offenbarung 12,10) will er Menschen blind machen, damit sie Gottes Wahrheit nicht erkennen (2. Korinther 4,4).

Satan will uns die Wahrheit, die uns gegeben wurde, wegnehmen (Markus 4,15). Aber Gott will, dass wir in seinem Wort lesen – und sein Wort in uns wohnt –, damit wir erkennen, wer wir in Christus sind.

 ## PERSÖNLICHE FRAGEN

Welche Lügen glauben Sie über sich selbst? Welche Lügen hindern Sie, die Freiheit zu genießen, die Sie als Gottes Ebenbild haben? Was wollen Sie heute konkret tun, um diese Lügen loszuwerden?

 ## GEBET

Herr Jesus, ich möchte das Leben haben, das du mir anbietest. Schütze mich heute vor dem Dieb, der mir die Wahrheit stehlen will. Amen.

 ## ZUR VERTIEFUNG

JOHANNES 8,31–47
Jesu Gegner diskutieren mit ihm, wessen Söhne sie seien. Als Antwort erklärt ihnen Jesus, dass die Wahrheit, die er bringt, Menschen wirklich frei machen kann.

2 Wer bin ich?

Öffne mir die Augen, damit ich erkenne,
welche Wunder dein Gesetz enthält!

PSALM 119,18

Welche Rollen spielen Sie jeden Tag? Vielleicht sind Sie Ehefrau und Mutter oder Ehemann und Vater.

Aber dazu kommen noch weitere Rollen:

- Kind (vielleicht von hilfsbedürftigen Eltern)
- Bruder oder Schwester
- Angestellter oder Chef
- Freund
- Nachbar
- Hausbesitzer
- Haustierhalter
- Staatsbürger
- Steuerzahler
- Vereinsmitglied
- Theaterbesucher

Und so weiter. Puh! Kein Wunder, dass wir so müde sind! Das sind jede Menge Rollen, die wir ausfüllen.

Genau das ist der springende Punkt. Das alles sind nur Rollen. Diese Rollen sind selbstverständlich wichtig, aber sie sind trotzdem nur Rollen. Diese Dinge *tun* wir. Wer wir *sind*, ist aber etwas ganz anderes.

Mit der Frage „Wer bin ich?" beschäftigen sich sehr viele Menschen. Viele, vielleicht auch Sie, stecken in einer ausgewachsenen Identitätskrise!

Darf ich Ihnen etwas verraten? Gott will uns nicht im Unklaren lassen. Er ist der Gott, der spricht, der Gott, der sich offenbart. Sein Wort enthält „wunderbare Dinge", die wir unbedingt wissen sollten und dankbar annehmen dürfen. Darum geht es in diesem Buch.

Wir brauchen Gottes Hilfe, um die Wahrheit zu erkennen. Um zu begreifen, wer wir wirklich sind.

 ## PERSÖNLICHE FRAGEN

Warum ist es wichtig, dass wir uns anders sehen? Dass wir uns so sehen, wie Gott uns sieht?

 ## GEBET

Himmlischer Vater, öffne mir bei der Suche nach meiner Identität die Augen, damit ich erkenne, wer ich wirklich bin. Amen.

ZUR VERTIEFUNG

RÖMER 6,4–14
Der Apostel Paulus beschreibt, was es heißt, in Jesus Christus für Gott zu leben.

3   Flucht vor dem Ich

Am Abend, als ein frischer Wind aufkam, hörten sie,
wie Gott, der HERR, im Garten umherging. Ängstlich
versteckten sie sich vor ihm hinter den Bäumen.

1. MOSE 3,8

Stellen Sie sich vor, Sie befänden sich im Zeugenschutz-programm.

- Sie müssten umziehen in eine fremde Stadt, in der Sie keine Menschenseele kennen.
- Unter einem falschen Namen leben.
- Sich als jemand ausgeben, der Sie nicht sind.
- Sich ständig besorgt umschauen.

Ein beschauliches, gemütliches Leben sieht anders aus!

In gewisser Weise ist dieses Bild eine Momentaufnahme der ganzen Menschheit. Adam und Eva hatten ein perfektes Leben im Garten Eden. Aber in ihrem Herzen machte sich die Sünde breit und ruinierte alles. Nachdem sie gezwungen wurden, ihren gewohnten Lebensraum zu verlassen, beherrschen auch alle ihre Nachkommen es meisterhaft, sich zu verstecken und zu verstellen.

Wir sind schon so lange auf der Flucht, dass uns das Leben im Paradies wie ein ferner Traum erscheint. Das Leben in einer ungewissen Welt macht uns ruhelos und nervös. Was können wir tun?

Es gibt eine gute Nachricht: Gott geht uns nach. Er weiß genau, wer wir sind, er liebt uns bedingungslos und er bietet uns Schutz.

 ## PERSÖNLICHE FRAGEN

Vor welchen Teilen Ihres eigenen Ichs versuchen Sie wegzulaufen? Was versuchen Sie vor anderen zu verstecken? Was versuchen Sie vor Gott zu verstecken?

 ## GEBET

Herr, wenn ich heute laufe, dann lass mich zu dir laufen. Amen.

ZUR VERTIEFUNG

PSALM 139,1–12
Der Psalmist beschreibt, wie vergeblich es ist, sich vor Gott verstecken zu wollen.

4 Was ein Name bedeutet

*Ein guter Name ist vorzüglicher als großer
Reichtum, besser als Silber und Gold ist Anmut.*

SPRÜCHE 22,1 (ELB)

Was tun wir als Erstes, wenn wir mit einem Menschen sprechen, den wir noch nicht kennen? Wir nennen dem anderen unseren Namen.

Namen sind ein wichtiges Identifizierungsmerkmal. Sie beschreiben, wer wir sind, und sie machen klar, wer oder was wir nicht sind (z.B. Helmut Schmidt, VW Golf, Frankfurt am Main).

Namen können etwas über die Herkunft eines Menschen aussagen. Zum Beispiel kommt Eros Ramazotti vermutlich aus Italien und Carl XVI. Gustaf entstammt einer langen Linie von Königen.

Aber ein Name kann auch etwas über den Charakter und das Leben einer Person verraten. Die Namen Mutter Teresa und Adolf Hitler lösen völlig unterschiedliche Reaktionen aus.

In der Bibel geben Namen nicht nur Identität, sie haben auch Vollmacht. Wenn man beispielsweise etwas „im Namen Jesu" tut, heißt das: Ich handle so, wie Jesus es tun würde. In der Bibel erhalten Menschen oft einen neuen

Namen. Das soll zeigen, dass sie eine neue Bestimmung oder einen anderen Charakter bekommen haben.

Das Wort Gottes bezeichnet die Menschen, die zu Gott gehören, mit vielen wirklich guten Namen. Wir sind also viel reicher, als wir uns vorstellen können!

 ## PERSÖNLICHE FRAGEN

Was sagt Ihr Name über Sie aus? Welchen Namen würden Sie für sich wählen, wenn Sie sich einen aussuchen könnten? Warum?

 ## GEBET

Allmächtiger Gott, Schöpfer des Lebens, hilf mir heute zu glauben, dass ich genau das bin, was du sagst. Amen.

 ## ZUR VERTIEFUNG

JESAJA 43,1–7
Gott sagt, dass er die Menschen, die zu ihm gehören, beim Namen und bis in ihr Innerstes kennt.

5 Falsche Identität

Ich, der HERR, sage: Ein Weiser soll nicht stolz
sein auf seine Weisheit, der Starke nicht auf
seine Stärke und ein Reicher nicht auf seinen
Reichtum. Nein, Grund zum Stolz hat nur, wer
mich erkennt und begreift, dass ich der HERR
bin. Ich bin barmherzig und sorge auf der
Erde für Recht und Gerechtigkeit. Denn daran
habe ich Gefallen! Mein Wort gilt!

JEREMIA 9,22–23

Genauso wie viele Menschen heute suchte das Volk Gottes im Alten Testament an falschen Stellen Sinn, Bedeutung und Zufriedenheit. Ein mutiger Prophet, Jeremia, musste sie daran erinnern, dass ihr Leben in etwas viel Tieferem verwurzelt ist als in ihrer Intelligenz, ihrer Macht oder ihrem Reichtum. Das alles kann man leicht verlieren. Wahre Identität und Sicherheit findet ein Mensch darin, dass er den Herrn kennt.

Was Sie sind, wird nicht bestimmt von

- Ihrer Berufsbezeichnung
- Ihrer Abschlussnote
- Ihrer beruflichen Karriere
- Ihren Leistungen

- Ihrem Aussehen
- Ihrem Vermögen und ähnlichen Dingen

Sehen Sie sich stattdessen durch die Brille Ihrer Beziehung zu Gott.

? PERSÖNLICHE FRAGEN

Erstellen Sie eine Liste mit allem, womit Gott Sie segnet und was Sie niemals verlieren können.

GEBET

Gott, meine Erfolge bestimmen nicht, wer ich bin. Hilf mir, dass ich mich über solche Dinge freue, sie aber nicht überbewerte. Auch meine Misserfolge bestimmen nicht, wer ich bin. Bitte bewahre mich vor Verzweiflung. Hilf mir, meine Identität in dir zu gründen. Amen.

ZUR VERTIEFUNG

2. KORINTHER 10,13–18
Der Apostel Paulus beschreibt, worauf wir stolz sein dürfen und worauf nicht.

6 „Können Sie sich ausweisen?"

*Da stand Hiob auf, zerriss sein Obergewand
und schor sich den Kopf. Dann fiel er zu Boden
und betete: „Nackt bin ich zur Welt gekommen,
und nackt verlasse ich sie wieder. HERR,
du hast mir alles gegeben, du hast mir
alles genommen, dich will ich preisen!"*

HIOB 1,20–21

In Hiobs Geschichte geht es zwar hauptsächlich um das große Thema Leiden, aber seine Worte hier sagen uns etwas Wichtiges über unsere Identität.

Wir kommen nackt auf die Welt. Ohne Besitz, ohne Fähigkeiten, ohne irgendetwas. Wir verbringen zwar unser Leben damit, Dinge anzuhäufen und Dinge zu tun, aber am Ende gehen wir wieder und lassen alles zurück. Wir sind im buchstäblichen Sinn wieder nackt. Einfach nur noch wir selbst. Unsere Identität hat also nichts mit unserem Vermögen oder einem beeindruckenden Lebenslauf zu tun.

Interessant, finden Sie nicht? Selbst als er von Trauer überwältigt war, erkannte Hiob, dass wir unseren Sinn und unsere Identität bei Gott suchen müssen.

? PERSÖNLICHE FRAGEN

Wenn unsere Ehe, unsere Kinder, unsere Arbeit oder
unsere Fähigkeiten unsere Identität bestimmen, was
passiert dann, wenn wir das alles verlieren?

GEBET

Herr, bewahre mich vor dem Fluch, meine Identität in
etwas anderem als in dir zu suchen. Amen.

ZUR VERTIEFUNG

1. CHRONIK 29,10–20
David betet für das Volk Israel und erklärt, dass sie alles,
was sie zum Bau des Tempels spenden, zuvor von Gott
bekommen haben.

7 Wer wir sind, entscheidet, was wir tun

Ihr wisst, dass ich für den Herrn im Gefängnis bin.
Als sein Gefangener bitte ich euch nun:
Lebt so, dass Gott dadurch geehrt wird;
er hat euch ja berufen, seine Kinder zu sein.

EPHESER 4,1

Paulus schrieb seinen Brief an die Gemeinde in Ephesus aus einem Gefängnis in Rom. Dieser Brief ist eine wahre Goldmine an Wahrheiten. Trotzdem kann man leicht die wichtige Aussage über Identität übersehen, die durch die Struktur des Briefes offenbart wird.

Beachten Sie, wie der Brief aufgebaut ist. Die erste Hälfte konzentriert sich auf die ewige Wahrheit und die zweite auf das alltägliche Leben:

- Die Kapitel 1–3 stellen die Frage nach dem *Was*:
  Was gilt für die Menschen, die in Christus sind?
- Die Kapitel 4–6 befassen sich mit der Frage nach dem *Wie*: Wie sollten Menschen leben, wenn sie in Christus sind?

Schlagen Sie Ihre Bibel auf und überzeugen Sie sich selbst: Paulus fordert die Christen erst auf, etwas zu tun, nachdem er dargelegt hat, was *Jesus* für uns getan hat. Das erklärt, warum wir bis zum ersten Vers des vierten Kapitels kein einziges Gebot finden!

Allein der Aufbau dieses Briefes ist eine starke Erinnerung daran, dass unsere tiefe Überzeugung, *wer* wir sind, immer bestimmt, *wie* wir leben.

Wenn wir begreifen, wozu wir berufen sind, wirkt sich das unweigerlich darauf aus, wie wir uns verhalten. Unsere Identität bestimmt unser Tun.

 PERSÖNLICHE FRAGEN

Paulus schreibt: „Als sein (Gottes) Gefangener ...“ Wie beeinflussen diese Worte Ihre Entscheidungen und das, was Sie tun?

 GEBET

Herr, schenke mir die Gnade, die Weisheit und die Kraft, dass ich meine Berufung verstehe und danach lebe. Amen.

ZUR VERTIEFUNG

KOLOSSER 1,9–14
Paulus erklärt, was es bedeutet, ein Leben zu führen, das Gott ehrt.

8 Fehler bei der Identifikation

Verlass dich nicht auf deinen eigenen Verstand,
sondern vertraue voll und ganz dem HERRN!

SPRÜCHE 3,5

Jeden Tag werden Menschen und Dinge verwechselt. Einige Beispiele:

- Die gefährliche Giftschlange, die Ihr Sohn im Wald erschlagen hat, war nur eine harmlose Blindschleiche.
- In dieser Woche haben Sie die eineiigen Zwillinge Ihrer Nachbarn fünfmal mit dem falschen Namen angesprochen.
- Der Verdächtige des bewaffneten Raubüberfalls, der gestern von einem Verkäufer identifiziert wurde? Heute wurden Beweise gefunden, dass er nicht der Täter gewesen sein kann!

Warum irren wir uns so oft? Weil unser Wissen begrenzt und unser Gedächtnis lückenhaft ist. Manchmal auch deshalb, weil wir den Rat der Welt befolgen, auf unsere Gefühle zu hören.

Deshalb liegen wir auch oft so falsch, wenn wir wissen wollen, wer wir in geistlicher Hinsicht sind. Statt zu lernen – und darauf zu vertrauen –, was Gott sagt, vergisst unser Herz, was wahr ist, und flüstert: „*Anscheinend* ist es so ..." Da ist es kein Wunder, dass wir uns falsch sehen. Wir ersticken die Wahrheit, die uns sagt, wer wir sind, und lassen tödliche Lügen in unser Herz und unser Denken hinein!

Wenn wir uns auf unseren eigenen Verstand verlassen, werden wir nie begreifen, wer wir sind.

 PERSÖNLICHE FRAGEN

Gibt es Zeiten, in denen es Ihnen leichtfällt, Gott zu vertrauen? Warum? Wann fällt es Ihnen schwer, Gott zu vertrauen? Warum?

 GEBET

Herr, öffne die Augen meines Herzens, damit ich deutlich sehe, wer ich in dir bin. Amen.

ZUR VERTIEFUNG

1. KORINTHER 1,20–25
Paulus erklärt, warum Gottes Weisheit über der menschlichen Weisheit steht.

9   Geistliche Amnesie?

Hütet euch bloß davor, etwas von dem,
was ihr gesehen habt, zu vergessen! Ja,
erinnert euch euer Leben lang daran und erzählt
es euren Kindern und Enkeln weiter!

5. MOSE 4,9

Die Filmfigur Jason Bourne ist ein fiktiver, abgrundtief bö-
ser Geheimagent, der viele Fähigkeiten besitzt. Aber eines
kann er nicht: sich erinnern, wer er ist. Jason kämpft

- um sein Leben und
- gegen einen wirklich schweren Fall von Gedächtnisverlust.

In gewisser Weise stellen die Bourne-Filme das echte Leben
dar. Wenigstens das geistliche Leben. Wir Christen haben
es auch mit einem gefährlichen Feind zu tun (1. Petrus 5,8).
Und auch wir leiden unter gravierenden Gedächtnislücken.

Unmittelbar bevor die Israeliten in das Land einzogen,
das Gott ihnen zugesagt hatte, versammelte Mose Gottes
Volk und *erinnerte* es leidenschaftlich daran, wer Gott ist.
Er erinnerte die Israeliten an Gottes Gesetz und an seine
Zusagen. Und an ihre heilige Berufung.

Das war nötig, weil wir von Natur aus dazu neigen,

Dinge zu vergessen, an die wir uns unbedingt erinnern sollten. Dazu ermahnt uns die Bibel immer wieder.

PERSÖNLICHE FRAGEN

Warum neigen wir Menschen dazu, Gottes Güte und die
guten Dinge, die Gott für uns getan hat, zu vergessen?
Was können Sie tun, um sich an diese Dinge bewusst zu
erinnern?

GEBET

Vater, ich neige dazu, das zu vergessen, was am
wichtigsten ist. Hilf mir, dass die Wahrheit, wer ich
in Christus bin, einen festen Platz in meinem Herzen
einnimmt. Amen.

ZUR VERTIEFUNG

5. MOSE 4,32–40
In seinen letzten Worten an das Volk Israel spricht Mose
darüber, wie Gott ist.

10 Schimpfnamen

Jetzt hörte ich eine gewaltige Stimme im
Himmel rufen: „Nun hat Gott den Sieg errungen,
er hat seine Stärke gezeigt und seine Herrschaft
aufgerichtet! Alle Macht liegt in den Händen
dessen, den er als König auserwählt und eingesetzt
hat: Jesus Christus! Denn der Ankläger ist gestürzt,
der unsere Brüder und Schwestern
Tag und Nacht vor Gott beschuldigte."

OFFENBARUNG 12,10

Als der Apostel Johannes schildert, was er bei seinem erstaunlichen Blick in den Himmel gesehen hat, bezeichnet
er den Teufel als Ankläger.

Wenn wir versagen, werden die Anschuldigungen des
Feindes besonders hinterhältig. Wie ein Bauchredner ver-
breitet er manchmal durch Menschen und Situationen
seine verletzenden Lügen (Matthäus 16,21–23). Vielleicht
haben Sie auch schon aus dem Mund anderer Menschen
seine vernichtenden Verurteilungen gehört.

Warum ist es so wichtig, dass wir das durchschauen? Weil
wir uns selbst als Verlierer und als Versager sehen, wenn wir
die Anschuldigungen des Teufels ernst nehmen. Im Grunde
gestehen wir ihm damit zu, uns Schimpfnamen zu geben.

Ein Leben mit diesen Namen ist furchtbar.

Für eine gesunde Identität ist es wichtig, dass wir auf die Stimme unseres Erlösers hören und nicht auf die des Anklägers.

 PERSÖNLICHE FRAGEN

Der Ankläger nennt uns Verlierer und Versager und beleidigt uns noch mit anderen Schimpfnamen. Warum halten wir so oft an diesen Schimpfnamen fest? Welche Namen gibt Gott seinem Volk?

 GEBET

Gott, danke, dass du uns erlöst hast und dass du uns zugesagt hast, dass der Ankläger gestürzt ist. Bitte lass deine Stimme in meinem Herzen alle anderen Stimmen übertönen. Amen.

 ZUR VERTIEFUNG

JOHANNES 15,1.5.14–15; RÖMER 8,17;
1. KORINTHER 6,19; 2. KORINTHER 5,17
Johannes und Paulus zählen einige Bezeichnungen auf, mit denen Gott Jesu Nachfolger beschreibt.

11 Denkt daran!

Denkt daran, dass auch ihr einmal Sklaven
in Ägypten wart und der HERR euch
von dort erlöst hat. Deshalb gebe
ich euch heute diese Anweisung.

5. MOSE 15,15

Jemand hat Alzheimer einmal so beschrieben: Angenommen, man schreibt alle Fakten und Erinnerungen aus dem
Leben eines Menschen auf eine riesige Tafel und dann
nimmt man jeden Tag einen Schwamm und bewegt ihn
über die Tafel. Falls ein Angehöriger von Ihnen an dieser
Krankheit leidet, wissen Sie, wie treffend dieses Bild den
grausamen Verlauf dieser Krankheit beschreibt.

Es gibt eine andere Art von Gedächtnisverlust, die sogar
noch schlimmer ist, eine Art *Alzheimer der Seele.* Hier arbeitet etwas (oder jemand) daran, geistliche Wahrheiten und
Erinnerungen aus unserem Herzen und aus unserem Denken zu tilgen. Deshalb forderte Mose die Israeliten immer
wieder auf, *daran zu denken,* wer sie waren: „Ihr wart Sklaven. Und der HERR hat euch von dort erlöst."

Das Erinnern, von dem die Bibel spricht, ist etwas Akti-
ves, nichts Passives. Das Wort *erinnern* bedeutet „ins Gedächtnis rufen". Mit Gottes Hilfe können wir uns daran

erinnern, was wahr ist. Zu Gottes Ehre – und zu unserem eigenen Besten – ist es wichtig, dass wir uns erinnern.

 PERSÖNLICHE FRAGEN

Welche Bibelverse können Sie auswendig? Welche Verse würden Ihr Leben nachhaltig verbessern, wenn Sie sie auswendig lernen würden?

 GEBET

Vater, hilf mir, dass ich durch das Lesen und Nachsinnen über die Aussagen der Bibel vor einer Art „Alzheimer der Seele" verschont bleibe. Amen.

 ZUR VERTIEFUNG

MATTHÄUS 4,1–11
Jesus wird vom Teufel versucht und antwortet ihm mit Macht und Weisheit.

12 Geschenkt oder mühsam erarbeitet?

*Herr, ich danke dir dafür, dass du mich so wunderbar
und einzigartig gemacht hast! Großartig ist alles,
was du geschaffen hast – das erkenne ich!*

PSALM 139,14

David preist Gott dafür, dass er allwissend, allgegenwärtig (überall) und allmächtig ist, aber er staunt auch über seine eigene Existenz. Er erkennt, dass Gott ihn gemacht hat. Er hat sich nicht selbst gemacht. Er ist das atemberaubende Werk eines grenzenlosen, unvergleichlichen Künstlers. Genauso wie wir!

Das heißt, dass wir nicht irgendwie selbst unsere Identität erschaffen müssten. Im Gegenteil, Gott schenkt jedem von uns eine einmalige Identität!

Überlegen Sie doch: Wer in der ganzen Menschheitsgeschichte hatte je Ihre DNA, Ihre Fingerabdrücke, Ihre Persönlichkeit, Ihre Gaben, Ihre natürlichen Fähigkeiten, Ihre einzigartigen Lebenserfahrungen?

Gott hat Sie gemacht, weil er *Sie* in dieser Einmaligkeit wollte. Jetzt will er, dass Sie ihn verherrlichen, indem Sie in Christus alles werden, was er plante, als er Sie erschuf.

Wenn Sie versuchen, jemand anderes zu sein, wer wird dann *Sie* sein?

? PERSÖNLICHE FRAGEN

Welche Ihrer Talente, Erfahrungen und Eigenschaften machen Sie einzigartig?

GEBET

Gott, danke, dass du mich so gemacht hast, wie ich bin. Hilf mir, besser zu erkennen, wer ich bin, damit ich anderen helfen kann, besser zu erkennen, wer du bist. Amen.

ZUR VERTIEFUNG

RÖMER 12,3–8
Paulus erklärt, dass jeder, der an Gott glaubt, einmalig begabt ist, um sich zusammen mit anderen Christen gemeinsam für Gottes Ziele einzusetzen.

13 Willst du gesund werden?

Als Jesus ihn sah und erfuhr, dass er schon
so lange an seiner Krankheit litt, fragte er ihn:
„Willst du gesund werden?"

JOHANNES 5,6

Das ist eine der überraschendsten Fragen in der ganzen Bibel. Jesus geht zu einem Gelähmten und fragt ihn: „Willst du gesund werden?"

Für diese sonderbare Frage gibt es verschiedene Erklärungen. Es ist entweder die unsensibelste oder die brillanteste Frage, die je gestellt wurde. Ein Erklärungsversuch lautet, dass Jesus dem Gelähmten mit dieser Frage bewusst machen wollte, dass Veränderungen – auch wunderbar positive Veränderungen – störend und schwer sind. Eine Heilung bringt immer auch eine neue Verantwortung mit sich.

Vielleicht fühlen Sie sich heute verloren und verwirrt und überhaupt nicht gesund. Vielleicht leiden Sie unter dem „Wer-bin-ich?"-Syndrom.

In diesem Fall fragt Jesus auch Sie: „Möchtest du gesund werden?" Sie können wieder ganz gesund werden. Aber Vorsicht! Das geht nicht ohne Demut, Arbeit und Vertrauen.

Wenn Sie es leid sind, verschiedene Identitäten anzu-
probieren wie Kleider in der Umkleidekabine, dann gibt es
jemanden, der Sie heilen kann.

? PERSÖNLICHE FRAGEN

Welche körperliche, emotionale oder geistliche Heilung
wünschen Sie sich für Ihr Leben?

🙏 GEBET

Herr Jesus, ich will eine gesunde Identität. Bitte heile mich.
Amen.

💡 ZUR VERTIEFUNG

JESAJA 53,1–6
Jahrhunderte vor Jesu Geburt beschreibt Jesaja Gottes
Diener, der Heilung bringen wird.

DIE
FAKTEN

Die Entdeckung,
wer wir sind

14 Alles auf Anfang

Alle Erkenntnis beginnt damit, dass man Ehrfurcht
vor dem HERRN hat. Nur ein Dummkopf lehnt
Weisheit ab und will sich nicht erziehen lassen.

SPRÜCHE 1,7

Auf unserer Suche danach, wer wir sind, sollten wir über eine Grundsatzaussage von Johannes Calvin nachdenken. Calvin war ein herausragender französischer Theologe des 16. Jahrhunderts. In seiner berühmten „Institutio Christianae Religionis" beschreibt er den christlichen Glauben. Er beginnt sein Meisterwerk mit zwei Behauptungen: „Ohne Selbsterkenntnis gibt es keine Gotteserkenntnis", und: „Ohne Gotteserkenntnis gibt es keine Selbsterkenntnis."

Calvin argumentiert, dass wir ohne „Ehrfurcht vor dem HERRN" verloren sind. Damit meint er die Ehrfurcht vor Gott und den Glauben an Gott. Mit anderen Worten: Weil wir von Gott und für Gott geschaffen wurden, kann uns nur Gott sagen, wer wir sind. Wenn wir so dumm sind, uns zu weigern, zu Gott zu kommen und auf ihn zu hören, treiben wir ziellos durch die Welt und sind uns unserer Identität nicht sicher.

Wir erkennen, wer wir sind, wenn wir erkennen, wer Gott ist.

PERSÖNLICHE FRAGEN

Der Pastor und Autor A. W. Tozer schrieb: „Das, was uns in den Sinn kommt, wenn wir an Gott denken, ist das Wichtigste, was wir über uns selbst erfahren können." Was kommt Ihnen in den Sinn, wenn Sie an Gott denken?

GEBET

Herr, lass mich dich besser kennen, damit ich mich auch selbst besser kennenlerne. Amen.

ZUR VERTIEFUNG

EPHESER 1,15–23
Paulus betet, dass die Gläubigen in Ephesus Gott besser kennenlernen.

15   Gottes Wort ist die Grundlage

Denn die ganze Heilige Schrift ist von Gott
eingegeben. Sie soll uns unterweisen;
sie hilft uns, unsere Schuld einzusehen,
wieder auf den richtigen Weg zu kommen
und so zu leben, wie es Gott gefällt.

2. TIMOTHEUS 3,16

Ist die Bibel nur eine beliebige Sammlung veralteter geistlicher Regeln, die von Menschen geschrieben wurden? Laut dieser Bibelstelle nicht.

Von Gott eingegeben heißt, dass Gott die Quelle der ganzen Heiligen Schrift, der gesamten Bibel, ist. Gott hat in und durch menschliche Verfasser gewirkt, indem er ihnen Gedanken und Worte eingegeben hat. Gott hat den gesamten Prozess geleitet, sodass die fertige Sammlung (insgesamt zwei Testamente und 66 Bücher) genau das enthält, was Gott der Welt über sich, über die Menschen und über die ganze geistliche Realität offenbaren wollte.

Von Gott eingegeben heißt, dass wir der Bibel vorbehaltlos vertrauen können. Wenn wir das tun, stellen wir fest, dass sie uns hilft, die ganze Wahrheit zu erfassen, die wir brauchen, um so zu leben, wie Gott es beabsichtigt hat.

• Wie ein Spiegel zeigt uns Gottes Wort, wer wir sind.

- Wie ein Schiedsrichter sagt es uns, wenn wir die Linie überschritten haben.
- Wie ein Fundament und ein Anker schenkt es Stabilität und Sicherheit.

 ## PERSÖNLICHE FRAGEN

Wann ist die Bibel für Sie wie ein Spiegel, ein Schiedsrichter, ein Fundament oder ein Anker? Welche Geschichten oder Verse erfüllen in Ihrem Leben diesen Zweck?

 ## GEBET

Gott, danke für dein Wort, das du eingegeben hast. Lass mich in deiner Wahrheit verwurzelt sein. Amen.

 ## ZUR VERTIEFUNG

PSALM 119,10–18
Der Psalmist zählt auf, wie viel Segen es bedeutet, Gottes Wort zu lesen.

Wer wir

als Menschen sind

16 Ich bin ein Geschöpf

*So schuf Gott den Menschen als sein Abbild,
ja, als Gottes Ebenbild; und er schuf
sie als Mann und Frau.*

1. MOSE 1,27

Warum gibt es uns? Ist die menschliche Rasse ein Zufalls-produkt der Evolution? Die zufällige Kombination aus ge-nau den richtigen chemischen Bestandteilen und natür-lichen Prozessen über zig Millionen Jahre?

Die ersten beiden Kapitel im 1. Buch Mose beantworten die zweite Frage mit einem klaren Nein. Auch wenn die Bi-bel keine wissenschaftlichen Details nennt, erklärt sie klar und deutlich, dass der Mensch die geplante Schöpfung eines persönlichen Gottes ist. Wir sind kein kosmischer Zufall.

Gott schuf den Menschen. Das macht uns zu *Geschöpfen.* Wir leben, weil das jemand gewollt hat. Das heißt logi-scherweise, dass wir abhängige Wesen sind. Nur Gott ist autonom und selbstbestimmt. Nur er *muss* definitions-gemäß existieren.

Auf den ersten Blick ist diese Tatsache für das mensch-liche Ego ein Schlag ins Gesicht. Das heißt, dass wir nicht selbständig sind, geschweige denn, dass wir das Sagen hätten. Wir sind begrenzt. Aber auf den zweiten Blick ist es ermutigend, dass wir Geschöpfe sind.

Der Gott, der in sich selbst vollständig ist, der uns nicht hätte machen müssen, hat trotzdem beschlossen, uns zu erschaffen. Das bedeutet offensichtlich, dass er uns will!

 ## PERSÖNLICHE FRAGEN

Wie wirkt es sich auf Ihr Selbstwertgefühl aus, dass Gott Sie geschaffen hat, weil er Sie wollte?

 ## GEBET

Gott, danke, dass du mich geschaffen hast! Was für eine Ehre ist es, ein Geschöpf des perfekten Schöpfers zu sein! Amen.

 ## ZUR VERTIEFUNG

1. MOSE 2,4–25
Am Anfang der Bibel wird berichtet, wie Gott die menschliche Rasse schuf.

17 Ich bin ein Ebenbild

Dann sagte Gott: „Jetzt wollen wir den Menschen
machen, unser Ebenbild, das uns ähnlich ist.
Er soll über die ganze Erde verfügen:
über die Tiere im Meer,
am Himmel und auf der Erde."

1. MOSE 1,26

Dass wir Menschen Gottes Ebenbild sind, bedeutet nicht, dass Gott so aussehen würde wie wir. Aber es bedeutet, dass wir Gott in einigen sehr wichtigen Bereichen ähneln.

Das griechische Wort für „Ebenbild" ist *eikon*. Davon stammt das Wort *Ikone* oder das im Computerjargon gebräuchliche *Icon* ab. Damit ist ein Symbol oder ein Gemälde gemeint, etwas, das ähnlich ist und auf die Person oder die Sache, für die es steht, hinweisen soll. Das heißt, wir sind wie lebende Porträts, Bilder oder Symbole von Gott.

Was heißt das konkret? Zum einen verfügen wir genauso wie unser Schöpfer über erstaunliche kreative, intellektuelle, emotionale und moralische Fähigkeiten. Zum anderen haben wir außergewöhnliche Beziehungsfähigkeiten. Wir können Gott und andere Menschen persönlich kennen. Wir sind in der Lage, auf zutiefst sinnvolle Weise eine Beziehung zur geschaffenen Welt zu haben.

Dass wir Gottes Ebenbild sind, bedeutet, dass wir viel Würde und Wert haben. Und ein atemberaubendes Potenzial.

 ## PERSÖNLICHE FRAGEN

Wie verändert es Ihr Selbstbild, dass Sie als Gottes Ebenbild geschaffen wurden? Welchen Einfluss hat es auf Ihre Träume und Ziele?

 ## GEBET

Gott, hilf mir, heute so zu denken, zu sprechen und zu handeln, dass ich dich widerspiegle und ehre. Amen.

 ## ZUR VERTIEFUNG

RÖMER 8,28–30
Paulus spricht über Gottes Ziel für Christen: Wir sollen „seinem Sohn ähnlich" werden.

18 Ich bin für die Anbetung gemacht

Gebt acht! Lasst euch nicht dazu verführen,
dem Herrn den Rücken zu kehren! Dient
keinen anderen Göttern, betet sie nicht an!

5. MOSE 11,16

Wenn wir etwas anbeten, zeigen wir damit, wie sehr wir es wertschätzen. Das heißt, wir widmen unsere Zeit und Energie, unsere Aufmerksamkeit und Zuneigung der Person oder der Sache, die wir für wertvoll und würdig erachten.

Jeder Mensch, auch ein Atheist, betet jemanden oder etwas an. Jeder ist instinktiv auf der Suche nach etwas, über das er staunen kann, nach jemandem, dem er nachfolgen kann. Wir können nicht anders, als anzubeten.

Wenn Gott, wie die Bibel sagt, unser vollkommener, weiser und guter Schöpfer ist, ist er das Wertvollste und Wichtigste im Universum. Es ist einfach sinnvoll, ihn anzubeten.

Aber wir *müssen* ihn nicht anbeten. Die Menschen können sich entscheiden, andere Dinge anzubeten. Und das tun sie leider auch häufig.

Das ist das Wesen der Sünde: Sich zu weigern, den einen, wahren Gott zu lieben und ihm die Ehre zu geben, und dann sein Herz irgendeinem Gottesersatz zu schenken.

Da wir von Natur aus Anbeter sind, suchen wir automatisch etwas anderes, das Gottes Platz einnimmt, wenn wir ihn nicht anbeten.

 PERSÖNLICHE FRAGEN

Worauf verwenden Sie den größten Teil Ihrer Zeit, Energie und Aufmerksamkeit? Was sagt das darüber aus, was Ihnen wertvoll ist?

GEBET

Herr, gib mir die Weisheit zu erkennen, dass du der Schatz bist, den mein Herz sucht. Amen.

ZUR VERTIEFUNG

1. CHRONIK 16,23–31 und PSALM 96
König David leitet ein fröhliches Fest, bei dem Israel Gott für all das feiert, was ihn allein würdig macht, angebetet zu werden.

19

Ich bin geschaffen, um Gottes Schöpfung zu bewahren

*Gott, der HERR, brachte den Menschen
in den Garten von Eden. Er gab ihm die Aufgabe,
den Garten zu bearbeiten und ihn zu bewahren.*

1. MOSE 2,15

Die ersten Kapitel der Bibel erlauben uns, die dunklen Seiten der Geschichte einen Moment auszublenden. Wir dürfen zurückblicken und die Welt so sehen, wie Gott sie ursprünglich geschaffen hat. Wir sehen einen makellosen Garten namens Eden. Wir sehen einen einzelnen Menschen namens Adam. Wir sehen, wie Gott diesen Menschen in den Garten setzt, damit er ihn bearbeitet und bewahrt.

Das verrät etwas Wichtiges über unsere Identität: Wir sind *Arbeiter*. Obwohl wir ständig murren und uns über unsere Arbeit, unseren Chef und unsere Kollegen beklagen, ist Arbeit an sich nichts Schlechtes. Sie ist eine edle Berufung. Bevor die Sünde in die Welt kam, hat Adam gearbeitet. Arbeit ist etwas Ehrbares, denn Gott selbst ist ein Arbeiter (Johannes 5,17).

Zweitens sind wir *Bewahrer*. Als Höhepunkt der Schöpfung wird uns die Aufgabe anvertraut, Gottes Welt zu bewahren. Der Ärger, den wir empfinden, wenn wir sehen, wie Menschen, Konzerne oder Länder die Erde plündern, rührt daher, dass wir Bewahrer sind. Wir sind dazu berufen, mit Weisheit über Gottes Schöpfung zu herrschen (1. Mose 1,26).

PERSÖNLICHE FRAGEN

Was können Sie konkret tun, um die Welt, in die Gott Sie hineingestellt hat, besser zu bewahren?

GEBET

Herr, hilf mir, deine Welt mit dem größten Respekt zu behandeln. Amen.

ZUR VERTIEFUNG

KOLOSSER 1,15–20
Der Apostel Paulus beschreibt Jesus und seine Rolle bei der Schöpfung.

20 Ich bin ein Mensch, den Gott sieht

Dem HERRN entgeht nichts auf dieser Welt;
er sieht auf gute und böse Menschen.

SPRÜCHE 15,3

Kennen Sie das unangenehme Gefühl, beobachtet zu werden?

Sie leiden nicht unter Verfolgungswahn. Sie werden tatsächlich beobachtet! Sie sind von Überwachungskameras umgeben. Und dann sind da die vielen Firmen, die Ihre Internetaktivitäten verfolgen. Und vergessen Sie nicht die Geheimdienste, die E-Mails lesen und Telefongespräche abhören!

Einige Menschen stört diese ständige Überwachung so sehr, dass sie versuchen, sich von allem abzukoppeln. Aber *einem* Beobachter können wir uns nicht entziehen: Gottes Augen sehen uns. In der Bibel ist fast 90-mal von „den Augen des Herrn" die Rede. Gott sieht *alles*: „Gottes Augen bleibt nichts verborgen; vor ihm ist alles sichtbar und offenkundig. Jeder Mensch muss Gott Rechenschaft geben" (Hebräer 4,13).

Wenn Sie etwas Verbotenes im Schilde führen, wollen Sie auf keinen Fall gesehen werden. Aber wenn Sie sich einsam oder vergessen oder unbeachtet fühlen, können Sie

sich an die Aussage der Bibel klammern: Ein liebender, mit-
fühlender Gott liebt Sie Tag und Nacht, rund um die Uhr,
jeden Tag.

 ## PERSÖNLICHE FRAGEN

Sie wissen, dass Gott Sie immer sieht. Welche Aus-
wirkungen hat dieses Wissen auf Sie? Hält es Sie eher
davon ab, etwas Falsches zu tun, oder ist es eher etwas,
das Sie tröstet und beruhigt?

 ## GEBET

Gott, danke, dass du mich nie aus den Augen verlierst.
Du behältst mich im Blick, weil du dich um mich sorgst.
Amen.

ZUR VERTIEFUNG

2. CHRONIK 16,7–9
Der alttestamentliche Prophet Hanani spricht davon,
dass der Herr immer alles sieht.

21 Ich bin für mein Leben verantwortlich

Jeder von uns wird also für sich selbst
Rechenschaft vor Gott ablegen müssen.

RÖMER 14,12

In einer gefallenen Welt ist jeder Opfer von irgendetwas, zum Beispiel von

- schlechten Genen
- einer falschen Erziehung
- einer kaputten Familie
- Armut
- Diskriminierung
- sozialer Ausgrenzung
- schlechten Bildungs- chancen
- Mobbing
- Verbrechen
- Naturkatastrophen
- Krankheit

Diese Liste ließe sich beliebig fortsetzen.

Warum finden wir uns nicht einfach mit unserer Opfer-rolle ab und geben wie so viele in unserer Gesellschaft ande-ren die Schuld? Weil wir als Menschen Handlungsmacht ha-ben. Damit ist gemeint, dass die Entscheidung, wie wir auf eine Situation reagieren, bei uns liegt. Wir haben die Frei-heit, aktiv zu werden und Veränderungen vorzunehmen. Vielleicht können wir den Ausgang nicht bestimmen, aber die Entscheidungen, die wir treffen, liegen in unserer Hand.

Das ist sehr wichtig, denn die Bibel stellt klar, dass wir für alle unsere Entscheidungen, für unsere Einstellung und für unser Verhalten verantwortlich sind. Das gilt nicht nur für die Menschen, die ein beneidenswertes Leben haben. Es gilt für jeden von uns. Jeder von uns muss vor Gott Rechenschaft ablegen.

Wenn Sie sich das nächste Mal vom Leben benachteiligt fühlen, denken Sie daran, dass Sie kein hilfloses Opfer sind. Sie sind dafür verantwortlich, weise Entscheidungen zu treffen, und Sie sind fähig, das zu tun.

Es kommt immer darauf an, wie wir auf eine Situation *antworten*. Und dafür müssen wir uns *verantworten*.

 PERSÖNLICHE FRAGEN

Auf welche Dinge oder Personen schieben Sie häufig die Schuld? Wie würde sich Ihr Leben verändern, wenn Sie diese Verantwortung selbst übernehmen würden?

GEBET

Gott, bewahre mich davor, die Schuld bei anderen zu suchen und mich als Opfer zu sehen. Mache mir bewusst, dass ich mich vor dir dafür verantworten muss, wie ich lebe. Amen.

 **ZUR VERTIEFUNG**

GALATER 6,1–10
Paulus gibt den Christen in Galatien (und uns) wichtige Anweisungen, was es heißt, unsere Lasten auch gemeinsam zu tragen.

Wer wir in

Jesus Christus sind

22 Ich bin auserwählt

Schon vor Beginn der Welt, von allem
Anfang an, hat Gott uns, die wir
mit Christus verbunden sind, auserwählt.

EPHESER 1,4

Wie gut fühlt es sich an,

- in die Auswahlmannschaft aufgenommen zu werden?
- zu einem traumhaften Date eingeladen zu werden?
- zu einem festlichen Anlass von Freunden eingeladen zu werden?
- eine reizvolle Arbeitsstelle zu bekommen?
- an einer angesehenen Hochschule angenommen zu werden?

Seien wir ehrlich: Ausgewählt zu werden, fühlt sich wunderbar an. Wenn eine besondere Person oder eine Eliteorganisation Sie auswählt, ist das ein ganz besonderes Gefühl.

Die Bibel sagt über jeden, der an Christus glaubt: Noch vor dem Beginn der Zeit hat der allmächtige Gott beschlossen: „Ich will ihn!", und: „Ich wähle sie aus!" Das ist für uns unbegreiflich und wir können darüber nur dankbar staunen.

Wer jetzt sagt: „Moment mal! *Ich* habe mich für Gott entschieden und nicht umgekehrt!", dem antwortet C. S. Lewis: „Wenn Gott dich nicht wollen würde, würdest du ihn nicht wollen."

Gnade heißt, dass immer Gott den ersten Schritt macht.

 PERSÖNLICHE FRAGEN

Gott hat Sie auserwählt. Was ist daran für Sie bemerkenswerter: dass es so unbegreiflich ist oder dass Sie dankbar staunen können? Warum?

 GEBET

Gott, danke für die erstaunliche Tatsache, dass du mich auserwählt hast, in deinen Augen heilig zu sein. Amen.

 ZUR VERTIEFUNG

1. PETRUS 2,4–10
Petrus beschreibt Jesus als lebendigen Stein und die Nachfolger Jesu als Gottes Auserwählte.

23 Ich bin jemand, den Gott sucht

Aber Gott, der HERR, rief:
„Adam, wo bist du?"

1. MOSE 3,9

Unmittelbar nachdem Adam und Eva die verbotenen Früchte im Garten Eden gegessen hatten, hörten sie, dass der Herr zu ihnen kam.

Von Schuldgefühlen geplagt, versteckte sich das angsterfüllte Paar in den Büschen. Dort hörten sie, wie der allmächtige Gott rief: „Wo bist du?"

Alles, was in Gottes großer Geschichte folgt, macht klar, dass diese göttliche Frage eine Einladung und keine Anklage war.

Anhand vieler Beispiele zeigt die Bibel, dass Gott Menschen, die vom richtigen Weg abgekommen sind, genauso unermüdlich sucht wie ein Hirte seine verlorenen Schafe. Jesus hat sogar gesagt, dass es sein Auftrag ist, „Verlorene zu suchen und zu retten" (Lukas 19,10). Voller Liebe geht er uns nach.

Der Autor Simon Tugwell hat geschrieben: „Solange wir meinen, wir müssten Gott suchen, werden wir unweigerlich entmutigt. Aber es ist genau anders herum: Er sucht uns."

 PERSÖNLICHE FRAGEN

Wann haben Sie zum ersten Mal in Ihrem Leben erkannt, dass Gott Sie sucht? Erinnern Sie sich im Rückblick an Menschen oder Ereignisse, die Sie jetzt als Beweis dafür sehen, dass Gott Sie sucht?

GEBET

Vater, danke, dass du mich unermüdlich suchst. Hilf mir, dass ich mich nie vor dir verstecke! Amen.

ZUR VERTIEFUNG

LUKAS 19,1–10
Lukas erzählt, wie Jesus einem Menschen nachging, der religiös und gesellschaftlich ausgestoßen war.

24 Ich bin mit Gnade beschenkt

Aus seinem göttlichen Reichtum hat er uns immer
wieder mit seiner grenzenlosen Liebe beschenkt ...
nun ist uns durch Jesus Christus seine
Gnade und Wahrheit begegnet.

JOHANNES 1,16–17

Zwei Beispiele für Gnade im Alltag:

1. Sie machen bei Ihrer Arbeit etwas wirklich Dummes, das die Firma viel Geld kostet. Aber statt Sie abzumahnen oder Ihnen zu kündigen, lädt der Chef Sie zum Essen ein.
2. Ein Schüler setzt wenige Wochen vor den Abiturprüfungen eine wichtige Prüfung in den Sand, weil er keine Lust hatte zu lernen. Aus unerklärlichen Gründen gibt ihm der Lehrer die Möglichkeit, die Prüfung zu wiederholen.

Was ist *Gnade*? Sie ist ein unverdienter Segen. Gnade heißt, dass wir etwas bekommen, was wir nicht verdienen. Johannes sagt, dass Jesus seinen Nachfolgern Gnade und immer wieder Gnade schenkt. Mit anderen Worten: Göttliche Gnade ist wie die Wellen des Meeres – sie kommen einfach und rollen eine nach der anderen über uns hinweg.

Hat das, was wir falsch machen, schmerzliche Konsequenzen? Natürlich! Wie würden wir sonst lernen und wachsen? Aber ist Gottes Gnade je erschöpft? Niemals!

Wenn wir nichts getan haben, womit wir uns Gottes Gunst verdient haben, können wir auch nichts tun, wodurch wir sie wieder verlieren.

? PERSÖNLICHE FRAGEN

Haben Sie schon mal gedacht, dass etwas, das Sie getan haben, Ihnen bei Gott besondere Gunst einbringen würde? Glauben Sie manchmal, dass Sie etwas getan haben, womit Sie Gottes Gunst verloren haben könnten?

GEBET

Gott, hilf mir, dich so zu sehen, wie du bist: von dem Wunsch erfüllt, mir geistlichen und materiellen Segen zu geben, den ich eigentlich nicht verdiene. Amen.

ZUR VERTIEFUNG

1. KORINTHER 15,9–11
Paulus beschreibt die unverdiente Gnade, die er durch Jesus Christus empfängt.

25 Ich bin berufen

Auch euch hat Jesus Christus zum Glauben
gerufen, ihr gehört jetzt zu ihm.

RÖMER 1,6

Wir rufen die Kinder zum Essen, manche werden zum Richter berufen, andere in die Nationalmannschaft. Manchmal sprechen wir auch bei unserem Beruf von unserer Berufung.

Aber was ist *geistliche Berufung*? In der Bibel steht, dass Gott Menschen *beruft*. Im Grunde ist das Evangelium eine Berufung:

- Es ist eine göttliche Berufung (2. Thessalonicher 2,14).
- Es beruft uns aus der geistlichen Finsternis in sein Licht (1. Petrus 2,9).
- Er beruft uns dazu, in seinem Reich zu leben (1. Thessalonicher 2,12).
- Wenn wir auf Gottes gnädigen Ruf hören (Galater 1,15), nennt uns Gott seine Kinder (1. Johannes 3,1).
- Ab diesem Zeitpunkt ist es unsere Berufung, „sein heiliges Volk" zu sein (1. Korinther 1,2, Gute Nachricht Bibel).

Ist das nicht unglaublich? Der eine, wahre Gott beruft Sie!

PERSÖNLICHE FRAGEN

Lesen Sie diese Aufzählung noch einmal. Mit welchem dieser Aspekte Ihrer geistlichen Berufung können Sie sich am meisten identifizieren? Warum?

GEBET

Gott, hilf mir zu begreifen, dass ich nur zu dir gerufen habe, weil du mich zuerst berufen hast. Danke für deine Gnade. Amen!

ZUR VERTIEFUNG

2. THESSALONICHER 2,13–17
Paulus ermutigt die Christen, an ihrer Berufung festzuhalten.

26 Ich bin erlöst

*Denn wenn du mit deinem Mund bekennst: „Jesus
ist der Herr!", und wenn du von ganzem Herzen
glaubst, dass Gott ihn von den Toten auferweckt
hat, dann wirst du gerettet werden.*

RÖMER 10,9

Das Wort *gerettet* in der Bibel bedeutet „erlöst" oder „befreit". Manchmal lesen wir in der Bibel, wie diese Rettung äußerlich geschieht: Gottes Volk wird vor seinen Feinden, schweren Krankheiten oder einer Naturkatastrophe gerettet. Sehr oft jedoch ist die *Rettung*, von der in der Bibel die Rede ist, geistlicher Natur.

Wir brauchen geistliche Rettung, weil die Sünde uns krank macht und schlimme Folgen hat: Die Sünde ist tödlich. Sie trennt uns von dem heiligen Gott. Wir hätten nicht die geringste Hoffnung, wenn Jesus nicht gekommen wäre, um uns zu retten. Er hat unsere Rettung möglich gemacht, weil er sein Leben gegeben hat, um die Todesstrafe für unsere Sünde zu zahlen. Seit er von den Toten auferstanden ist, bietet er jedem Vergebung und einen Neuanfang an. Wir brauchen nur zu glauben.

Als Christ sind Sie gerettet. Sie sind von der Strafe für die Sünde befreit. Sie sind von der Macht der Sünde befreit.

Und Sie werden – eines Tages – von der Existenz der Sünde befreit werden!

 ## PERSÖNLICHE FRAGEN

Kennen Sie jemanden, der die Erlösung durch Jesus braucht? Wen? Was können Sie diesem Menschen über die Rettung, die Sie persönlich erfahren haben, sagen?

 ## GEBET

Vater, ich lobe dich für deine wunderbare Rettung! Jesus, ich danke dir, dass du gekommen bist, um die Verlorenen zu suchen und zu retten. Amen.

 ## ZUR VERTIEFUNG

JOHANNES 3,1–21
Jesus erklärt dem jüdischen Gelehrten Nikodemus, was Rettung bedeutet.

27 Ich bin ein Sünder, dem vergeben ist

*Durch Christus, der sein Blut am Kreuz
vergossen hat, sind wir erlöst, sind unsere
Sünden vergeben. Und das verdanken
wir allein Gottes unermesslich großer Gnade.*

EPHESER 1,7

Einige Menschen schleppen ihre Schuldgefühle wie einen zentnerschweren Rucksack durch ihr Leben. Andere blicken immer wieder zurück und empfinden ein tiefes Bedauern wegen der falschen Dinge, die sie getan, und der guten Dinge, die sie nicht getan haben.

Wenn das bei Ihnen der Fall ist, sollten Sie diesen Bibelvers noch einmal lesen und ihn neu für sich in Anspruch nehmen. Das ist die gute Nachricht von Jesus: „Durch Christus ... sind unsere Sünden vergeben." Hier steht nicht „einige Sünden" (da es insgesamt zu viele wären). Und auch nicht „bestimmte Sünden" (je nachdem, wann und unter welchen Umständen Sie sie begangen haben). Hier steht einfach „Sünden". Punkt. Ohne Einschränkung.

Wenn Gott Ihnen vergeben hat, bedeutet das, dass Sie begnadigt sind. Dank Jesus

- wurde für Ihre Sünden bezahlt. Sie sind ausgelöscht und weggenommen;

- wurden alle Anklagen gegen Sie fallen gelassen,
- haben Sie wieder eine weiße Weste,
- hält Gott Ihnen *nichts* vor,
- müssen Sie nicht unter einer schweren Schuldenlast durchs Leben gehen.

Vergebung bedeutet, dass Jesus Ihre ganze Schuld auf sich genommen hat. Und dass er Sie befreit hat.

 ## PERSÖNLICHE FRAGEN

Gibt es in Ihrer Vergangenheit Sünden, die Ihnen immer noch Schuldgefühle vermitteln? Gott hat Sie von diesen Sünden befreit. Er hat nicht nur die Strafe getragen, sondern auch die Schuld. Gott hat Ihnen vergeben. Sollten Sie sich nicht auch endlich vergeben?

 ## GEBET

Herr, danke für deine vergebende Gnade. Amen.

 ## ZUR VERTIEFUNG

JESAJA 43,18–21.25–26
Der Prophet Jesaja beschreibt Gottes gnädige Vergebung.

28   Ich bin gerecht

Denn der Gewinn, nach dem ich strebe, ist Christus;
es ist mein tiefster Wunsch, mit ihm verbunden zu
sein. Darum will ich nichts mehr wissen von jener
Gerechtigkeit, die sich auf das Gesetz gründet und die
ich mir durch eigene Leistungen erwerbe. Vielmehr geht
es mir um die Gerechtigkeit, die uns durch den Glauben
an Christus geschenkt wird – die Gerechtigkeit, die von
Gott kommt und deren Grundlage der Glaube ist.

PHILIPPER 3,8–9 (NGÜ)

Was ist Gerechtigkeit? Einfach ausgedrückt bedeutet Gerechtigkeit, in Gottes Augen richtig zu sein. Mit diesem Wort beschreibt die Bibel den ewigen geistlichen Zustand eines Christen: Er ist durch den Glauben an Christus vor Gott richtig. Gerechtigkeit bezieht sich aber auch auf das Verhalten eines Christen: dass er die richtigen Gedanken hat und richtig handelt.

Das Evangelium betont immer wieder, dass wir nicht dadurch gerecht werden, dass wir Gottes Gesetz einhalten. Im Gegenteil, Gerechtigkeit geschieht „durch den Glauben an Christus". In dem wunderbaren, geheimnisvollen Tausch bei unserer Erlösung nimmt Jesus unsere ganze Ungerechtigkeit auf sich, unsere Unfähigkeit, so zu leben, wie es Gott gefällt. Dann gibt er uns seine perfekte Stellung vor Gott und neue Kraft, richtig zu leben.

Wenn wir mit ihm – *mit Jesus Christus* – verbunden sind, sieht Gott uns so, wie er Jesus sieht: absolut gerecht!

PERSÖNLICHE FRAGEN

Wie gerecht fühlen Sie sich im Moment? Wo würden Sie sich auf einer Skala von 1 bis 10 einstufen, wenn 1 „vollkommen ungerecht" und 10 „vollkommen gerecht" bedeutet? Welche Faktoren spielen bei Ihrer Einstufung eine Rolle?

GEBET

Gott, danke, dass Gerechtigkeit durch den Glauben an Christus kommt und durch nichts anderes. Jetzt, da ich bei dir richtig bin, gib mir bitte die Kraft, richtig zu leben. Amen.

ZUR VERTIEFUNG

RÖMER 4
Paulus erläutert, dass Abraham vor Gott gerecht war, und untersucht, ob er diese Gerechtigkeit durch gute Taten oder durch Glauben erlangt hat.

29 Ich bin mit Gott versöhnt

Als wir Gott noch feindlich gegenüberstanden,
hat er uns durch den Tod seines Sohnes mit
sich selbst versöhnt. Wie viel mehr werden wir,
da wir jetzt Frieden mit Gott haben, am Tag
des Gerichts bewahrt bleiben, nachdem
ja Christus auferstanden ist und lebt.

RÖMER 5,10

„Menschen sind von Grund auf gut."

So sprechen und denken sehr viele Menschen. Die Bibel sagt jedoch etwas ganz anderes. C. S. Lewis hat es in seinem Buch *Pardon, ich bin Christ* so formuliert: „Der in Sünde gefallene Mensch ist nicht einfach nur ein unvollkommenes Wesen, das der Besserung bedarf. Er ist ein Rebell, der seine Waffen niederlegen muss."

C. S. Lewis greift damit die Aussage der Bibel auf, dass die Menschheit, knallhart gesagt, sündig ist (Römer 3,23). Wir sind Rebellen. Ohne Jesus sind wir, wie es in der oben genannten Bibelstelle heißt, Feinde Gottes. Das ist eine demütigende, nicht gerade tröstliche Nachricht.

Gott sei Dank hat uns Jesus durch seinen Tod einen Weg eröffnet, mit Gott versöhnt zu sein! Versöhnung bedeutet, eine kaputte Beziehung zu reparieren oder wiederherzustellen. Versöhnung bedeutet, Feindseligkeit gegen Freundschaft einzutauschen.

Wir können die Versöhnung mit Gott nur genießen, weil Jesus bereit war, die Trennung von Gott zu ertragen.

 ## PERSÖNLICHE FRAGEN

Gibt es in Ihrem Leben jemanden, mit dem Sie sich gern versöhnen würden? Bedenken Sie, wie weit Jesus gegangen ist, um uns mit Gott zu versöhnen. Wie weit gehen Sie, um in Ihren Beziehungen Versöhnung zu finden?

 ## GEBET

Herr Jesus, danke, dass du für mich gestorben bist. Hilf mir, heute für dich zu leben. Amen.

 ## ZUR VERTIEFUNG

2. KORINTHER 5,14–21
Paulus schreibt der Gemeinde in Korinth, wie Menschen durch Jesus Christus mit Gott versöhnt werden können.

30 Ich bin ein Befreiter, für den Lösegeld gezahlt wurde

Denn auch der Menschensohn ist nicht
gekommen, um sich bedienen zu lassen. Er kam,
um zu dienen und sein Leben als Lösegeld
hinzugeben, damit viele Menschen
aus der Gewalt des Bösen befreit werden.

MATTHÄUS 20,28

Aus Spielfilmen und den Nachrichten wissen wir, was Lösegeld ist.

Ein Mensch wird entführt und gefangen gehalten, bis jemand bereit ist, einen Preis zu zahlen – oft einen sehr hohen Preis –, um den Gefangenen freizukaufen. Der Preis, der bezahlt wird, um dem Gefangenen die Freiheit zu ermöglichen, wird *Lösegeld* genannt. Die Bibel sagt, dass Jesus kam und sozusagen als Lösegeld für Sünder starb (Hebräer 9,15).

Bibelwissenschaftler diskutieren gern über die Frage: An wen hat Jesus dieses Lösegeld gezahlt? Einige sagen, an den Teufel. Andere sagen, an Gott. Wieder andere sagen, dass er es getan hat, um der Gerechtigkeit Genüge zu leisten.

Solche theologischen Diskussionen sind schön und gut, aber Tatsache ist: Als wir von der Sünde gefangen genommen waren und dem Tod ins Auge blickten, hat Gott einen unvorstellbaren Preis gezahlt, um unsere Freiheit zu erwirken. Er hat uns so sehr geliebt, „dass er seinen einzigen Sohn für uns hergab" (Johannes 3,16).

Gott hat für Sie ein sehr hohes Lösegeld gezahlt. Das heißt, dass Sie in seinen Augen wertvoll und nicht wertlos sind.

PERSÖNLICHE FRAGEN

Welche Bilder kommen Ihnen in den Sinn, wenn Sie an Lösegeld denken? Wie wirken sich diese Bilder auf Ihre Einstellung dazu aus, dass Jesus für Sie gestorben ist?

GEBET

Herr Jesus, lass mich nie aufhören, darüber zu staunen, dass du dein Leben als Lösegeld für mich gegeben hast. Amen.

ZUR VERTIEFUNG

HEBRÄER 9,11–28
Diese Stelle erklärt, dass Jesus mit seinem Blut für die Sünde gezahlt und Gottes Gerechtigkeit erfüllt hat.

31 Ich bin losgekauft

Denn ihr wisst ja, was es Gott gekostet hat, euch
aus der Sklaverei der Sünde zu befreien, aus einem
sinnlosen Leben, wie es schon eure Vorfahren
geführt haben. Er hat euch losgekauft, aber nicht
mit vergänglichem Silber oder Gold, sondern
mit dem kostbaren Blut eines unschuldigen
und fehlerlosen Lammes, das für uns
geopfert wurde – dem Blut von Christus.

1. PETRUS 1,18–19

Ein Freund schenkt Ihnen eine Gutscheinkarte. Sie gehen ins Internet, geben den Code der Karte ein und können sofort Dinge kaufen, zu denen Sie vorher keinen Zugang hatten.

Das ist ein gutes Bild für die Erlösung, das Loskaufen, von dem die Bibel spricht. Menschen, die eingesperrt oder versklavt waren, wurden befreit, wenn jemand für sie eintrat und den geforderten Preis bezahlte, für den sie freigelassen wurden.

Bei einem Freikauf findet immer ein Austausch statt. Im oben genannten Beispiel tauscht man einen Gutschein gegen eine Gutschrift; dann gibt man das Guthaben im Tausch für eine Ware zurück.

Jesus hat zuerst sein herrliches Leben im Himmel gegen ein niedriges Leben auf der Erde eingetauscht. Dann hat er sein Leben hergegeben, um uns für immer von der Sünde und vom Tod freizukaufen.

 ## PERSÖNLICHE FRAGEN

Warum wäre es schwer, den Freikauf durch Jesus in einem Geldwert auszudrücken?

 ## GEBET

Gott, danke, dass du den hohen Preis bezahlt hast, um mich zu befreien. Amen.

 ## ZUR VERTIEFUNG

1. KORINTHER 6,19–20; RÖMER 5,17; GALATER 3,13; 4,5;
EPHESER 1,7; KOLOSSER 1,18–20; TITUS 2,14;
1. PETRUS 1,14–18; OFFENBARUNG 5,9–10
Drei Apostel, Paulus, Petrus und Johannes, beschreiben, was wir bekommen, weil Jesus uns freigekauft hat.

32) Ich bin frei

Wenn euch also der Sohn Gottes befreit,
dann seid ihr wirklich frei.

JOHANNES 8,36

Vielleicht haben Sie schon einmal eine der folgenden Erfahrungen gemacht:

- Sie sind Mutter von kleinen Kindern und haben ein freies Wochenende geschenkt bekommen.
- Sie haben Ihre letzte Hypothekenrate abbezahlt.
- Sie haben einen unangenehmen Arbeitsplatz, der Sie fertiggemacht hat, gekündigt und eine interessante neue Stelle mit einem deutlich höheren Gehalt bekommen.
- Sie sind eine schlechte Angewohnheit losgeworden.

Freiheit ist in jeder Form etwas Wunderbares. Aber Jesus schenkt uns die absolute Freiheit. Mit welchen Worten kann man diese Freiheit beschreiben?

Wer Jesus vertraut, wird aus einem Gefängnis aus Dunkelheit, Tod und Verzweiflung befreit und erlebt Licht, Leben und Hoffnung! Wir saßen im Gefängnis der Sünde und er hat uns befreit. Wir schuldeten Gott eine riesige Summe und Jesus hat sie bis auf den letzten Cent bezahlt.

Die Freiheit, die uns Jesus schenkt, ist nicht nur etwas Theoretisches. Sie ist eine Tatsache. Bevor er uns befreit hat, waren wir Gefangene der Sünde. Wir waren gegen sie machtlos. Jetzt sind wir frei. Und wir haben die Freiheit, der Versuchung zu sagen, dass sie uns in Ruhe lassen soll (1. Korinther 10,13). Nutzen Sie diese Freiheit!

 PERSÖNLICHE FRAGEN

Gibt es in Ihrem Leben eine Sünde, zu der Sie nicht Nein sagen wollen? Gibt es etwas, das Gott von Ihnen will, aber es fällt Ihnen schwer, Ja dazu zu sagen?

 GEBET

Jesus, hilf mir, so zu leben, wie es in einem alten Kirchenlied heißt: „Die Fessel fällt, mein Herz ist frei. Ich stehe auf und komm herbei." Amen.

 ZUR VERTIEFUNG

GALATER 5,1.13–18
Paulus ermutigt die Christen, sich an ihre Freiheit zu erinnern und nicht zuzulassen, dass die Sünde sie erneut versklavt.

33 Ich bin erkauft

Oder habt ihr etwa vergessen, dass euer Körper ein
Tempel des Heiligen Geistes ist, der in euch wohnt
und den euch Gott gegeben hat? Ihr gehört also
nicht mehr euch selbst. Gott hat euch freigekauft,
damit ihr ihm gehört; lebt deshalb so, dass ihr
mit eurem Körper Gott Ehre bereitet.

1. KORINTHER 6,19–20

Wir haben gelesen, dass sich Jesus als Lösegeld für uns hin-
gegeben hat, dass er uns losgekauft hat. Das zeigt deutlich,
wie sehr uns Gott liebt.

Aber daraus ergibt sich noch etwas anderes: Weil der
Herr so viel für uns bezahlt hat, *gehören* wir ihm. Paulus
schreibt den Christen im alten Korinth: „Gott hat euch freigekauft, damit ihr ihm gehört." Kurz gesagt, wir gehören
Gott.

Moment! Wir gehören nicht uns selbst? Wir sind *erkauft*? Wie kann das sein? Haben wir uns denn nicht gerade darüber gefreut, dass wir frei sind?

Frei zu sein und Gott zu gehören, schließt sich nicht gegenseitig aus. Paulus hat an anderer Stelle geschrieben:
„Aber jetzt seid ihr frei von der Sünde und dient Gott mit
eurem ganzen Leben. Das Ergebnis ist: Ihr gehört zu ihm

und tut, was ihm gefällt, und schließlich schenkt er euch das ewige Leben" (Römer 6,22).

Gott hat uns erkauft, damit wir ihm dienen und dadurch Freiheit erfahren!

PERSÖNLICHE FRAGEN

Ist es für Sie ein Unterschied, ob Sie sich als Sklave Gottes sehen oder als jemand, der Gott gehört? Wenn ja, was ist anders?

GEBET

Herr, befreie mich von der dummen Vorstellung, ich könnte irgendwo anders als in dir Freiheit finden. Amen.

ZUR VERTIEFUNG

RÖMER 6,16–23
Paulus beschreibt, was es bedeutet, dass Nachfolger Jesu Sklaven der Gerechtigkeit sind.

34 Ich bin jemand, den Gott kennt

Aber das feste Fundament, das Gott gelegt hat,
können sie nicht erschüttern. Es ist mit
Gottes Siegel versehen und trägt die Aufschrift:
„Der Herr kennt alle, die zu ihm gehören",
und ebenso: „Wer sich zum Herrn bekennt,
der darf nicht länger Unrecht tun."

2. TIMOTHEUS 2,19

Auf Dating-Portalen versuchen Menschen, nur ihre guten
Seiten zu zeigen und ihre schlechten Seiten zu verheim-
lichen. Daran wird zweierlei sichtbar:

- Menschen wollen unbedingt, dass jemand sie kennt.
- Menschen haben Angst davor, dass jemand sie kennt.

Das ist paradox, aber es ist wahr. Da wir als Gottes Ebenbild geschaffen sind, sind wir so veranlagt, dass wir Beziehungen brauchen. Als Menschen sehnen wir uns nach Beziehungen zu anderen. Und doch scheuen wir aufgrund
unserer schlechten Erfahrungen und unserer persönlichen
Unsicherheit davor zurück, unsere Masken abzulegen und
anderen zu zeigen, wer wir wirklich sind. Selbst gegenüber
Gott tun wir uns schwer, ehrlich zu sein.

Die Aussage: „Der Herr kennt alle, die zu ihm gehören",

wirkt lebensverändernd. Zahlreiche andere Bibelverse bestätigen das.

Gott sieht hinter jede Fassade, die Sie aufbauen, hinter jede Maske, die Sie aufsetzen. Alles an Ihnen – das Gute, das Schlechte und das Hässliche –, Gott kennt es. Und er liebt Sie trotzdem. Entspannen Sie sich also. Sie brauchen sich nicht unter Druck zu setzen.

Bei Gott brauchen Sie nicht so zu tun, als wären Sie etwas, das Sie nicht sind. Das ist auch gut, denn es funktioniert sowieso nicht!

 ## PERSÖNLICHE FRAGEN

Welche Masken versuchen Sie vor Gott aufzusetzen?

 ## GEBET

Vater, danke, dass du mich durch und durch kennst und mich ewig liebst. Amen.

 ## ZUR VERTIEFUNG

JOHANNES 10,14–27
Jesus vergleicht sich mit einem guten Hirten, der seine Schafe kennt und sich um sie kümmert.

35 Ich bin freigesprochen

Also steht fest: Nicht wegen meiner guten
Taten werde ich von meiner Schuld freigesprochen,
sondern allein deshalb, weil ich
mein Vertrauen auf Jesus Christus setze.

RÖMER 3,28

Freisprechen ist ein Begriff aus der Rechtssprache und bedeutet „durch Gerichtsurteil vom Vorwurf der Anklage befreien" – zum Beispiel, wenn ein Gericht jemanden vom Vorwurf des Mordes freispricht und seine Reaktion als Notwehr auffasst.

In der Bibel wird der Begriff *freigesprochen* mit einer wunderbaren geistlichen Hoffnung gefüllt: Jeder Mensch, der an Jesus glaubt – an sein sündloses Leben, an seinen Opfertod und an seine wunderbare Auferstehung für Sünder –, wird von Gott freigesprochen.

Der allmächtige Gott erklärt diesen Menschen für „nicht schuldig". Er erklärt ihn für gerecht. Nicht wegen seiner Taten, sondern wegen seines Glaubens an die Person Jesus.

Das ist ein unfassbar großer Segen. Egal, wie viel Falsches wir getan haben, lautet das Gerichtsurteil des Himmels: „Nicht schuldig!" Egal, wie sehr der Feind uns anklagt, ist der Fall gegen uns abgeschlossen und erledigt.

 ## PERSÖNLICHE FRAGEN

Wenn der Richter des Universums sagt, dass wir freigesprochen sind, warum fühlen wir uns dann oft so schuldig?

 ## GEBET

Gott, danke für die erstaunliche Gnade, die mich vor dir gerecht macht. Amen.

ZUR VERTIEFUNG

GALATER 2,15–21
Paulus erklärt, warum der Freispruch nur durch Glauben möglich ist und nicht durch unsere Anstrengungen, uns Gottes Gunst zu verdienen.

36   Ich bin angenommen

Nehmt einander an, so wie Christus euch
angenommen hat. Auf diese Weise wird Gott geehrt.

RÖMER 15,7

Ablehnung hat viele Gesichter:

- Sie werden nicht in die Studentenvereinigung aufgenommen.
- Sie bekommen keinen Platz in der Mannschaft.
- Ihr Verlobter sagt, dass es zwischen Ihnen aus ist.
- Ein anderer Bewerber für eine Arbeitsstelle wird Ihnen vorgezogen.
- Nach einem Konflikt stellen sich Ihre sogenannten Freunde gegen Sie.

Jedem, der Jesus nachfolgt und dem schon einmal gesagt wurde: „Du bist *nicht* willkommen!", sagt die Bibel etwas viel Größeres und Besseres: Jesus nimmt Sie an.

Das biblische Verb *annehmen* bedeutet „zu sich ziehen", „gastfreundlich und herzlich aufnehmen". Mit anderen Worten: Jesus schaut uns nicht durch den Spion in der Tür an, verdreht die Augen, öffnet die Tür einen Spaltbreit, brummt mürrisch: „Mach das Licht aus, wenn du fertig bist!", und schlägt die Tür wieder zu. Nein, er läuft zum

Gartentor, umarmt uns herzlich und lädt uns leidenschaftlich ein, zu einem großartigen Essen und einem gemüt-
lichen Abend hereinzukommen.

Von Jesus angenommen zu werden, heißt, dass er sich
an uns freut und uns von ganzem Herzen liebt.

❓ PERSÖNLICHE FRAGEN

Wann haben Sie sich abgelehnt gefühlt? Hält die Angst
vor Ablehnung Sie davon ab, bestimmte Dinge zu tun?
Jesus nimmt Sie vorbehaltlos an.

🙏 GEBET

Herr, mach mir bewusst, dass du mich nicht nur wider-
willig duldest, sondern dass du mich voll und ganz
annimmst. Dass ich für dich ein Grund zum Feiern bin. Hilf
mir, andere genauso zu behandeln. Amen.

💡 ZUR VERTIEFUNG

RÖMER 14,1–4
Paulus fordert die Christen auf, sich gegenseitig anzuneh-
men, auch wenn sie sich in ihrem Aussehen und in ihren
Meinungen voneinander unterscheiden.

Ich bin geistlich lebendig

*Früher wart ihr gewissermaßen unbeschnitten, denn
ihr habt euch von eurer sündigen Natur bestimmen
lassen und wart durch eure Schuld von Gott getrennt.
In seinen Augen wart ihr tot, aber er hat euch mit
Christus lebendig gemacht und alle Schuld vergeben.*

KOLOSSER 2,13

Fühlen Sie sich manchmal innerlich tot? Oder, wie es im Filmklassiker *Die Braut des Prinzen* heißt, „fast tot"?

Man kann leicht an den Punkt kommen, an dem sich die Seele leblos und taub anfühlt. Besonders dann,

- wenn das Leben verwirrend ist,
- wenn Sie mit Anfechtungen kämpfen, die erdrückend zu sein scheinen,
- wenn Sie im Dauerstress sind,
- wenn Sie über längere Zeit körperlich überfordert sind.

Wenn Sie ehrlich sind, erscheint Ihnen Gott manchmal so real wie die Zahnfee.

Vielleicht befinden Sie sich gerade in einer solchen Situation. Sie können sich nicht mehr verstellen. Sie fühlen sich geistlich leer und ohne Energie und können sich für nichts begeistern. Es ist, als wäre Ihr Glaube tot.

Trotzdem gilt für jeden Nachfolger von Jesus: Gott hat Sie mit Christus lebendig gemacht. Vielleicht *fühlen* Sie nicht, wie Gottes Leben Ihr Herz belebt, und Sie *spüren* den Geist, der in Ihrem Leben ist, nicht. Manchmal müssen selbst die Lebenden ein wenig reanimiert werden.

PERSÖNLICHE FRAGEN

Was können Sie tun, um Ihr geistliches Leben neu zu beleben? Gibt es in Ihrer Gemeinde einen Kurs oder eine Kleingruppe, an der Sie teilnehmen könnten? Einen Menschen, mit dem Sie über Glaubensfragen sprechen können? Welchen Schritt werden Sie heute gehen?

GEBET

Gott, danke, dass du mir in Christus neues Leben schenkst. Schenke mir, dass ich mein Leben ganz ausschöpfe und heute ganz zu deiner Ehre lebe. Amen.

ZUR VERTIEFUNG

RÖMER 13,11–14
Paulus ermahnt Christen, aus ihrem geistlichen Schlaf aufzuwachen.

38 Ich bin ein Nachfolger

Da forderte Jesus sie auf: „Kommt,
folgt mir nach! Ich werde euch zu Menschen
machen, die andere für Gott gewinnen."

MARKUS 1,17

Es gibt in unserer von Medien beherrschten Welt so vieles, dem man folgen kann. Sie können Eurosport folgen oder der Tagesschau – und das auch noch gleichzeitig! Sie können den Urlaub eines Freundes auf Instagram verfolgen und den Kampf einer früheren Klassenkameradin gegen Krebs auf Facebook. Sie können Bloggern folgen und Promis auf Twitter. Wenn jemand etwas postet, das Ihnen nicht gefällt, können Sie mit einem einzigen Klick aufhören, ihm zu folgen!

Vergleichen Sie diese Art des Folgens mit Jesu unmissverständlicher Aufforderung: „Kommt, folgt mir nach!"

Jesus interessiert sich nicht für gelegentliche „Klicks" und gedankenlose „Likes" von halbherzigen Nachfolgern. Er forderte damals – und er fordert heute – uneingeschränkte Nachfolge. Dem Herrn zu folgen, bedeutet Selbstverleugnung und ein opferbereites Leben. Ein Nachfolger von Jesus zu sein, bedeutet, ihm unser Leben zu überlassen (Lukas 9,23–24). Wir sind nicht nur aufgefordert, an Jesus zu glauben, sondern auch, bei ihm zu sein und wie er zu werden.

Ein Jünger folgt Jesus nach, um ihn immer besser kennenzulernen und immer mehr so zu werden wie er.

PERSÖNLICHE FRAGEN

Worin unterscheidet es sich, ob man Jesus nachfolgt oder jemandem in den sozialen Medien folgt? Wo gibt es Ähnlichkeiten?

GEBET

Herr Jesus, schenke mir Gnade, Mut und Durchhaltevermögen, damit ich dir mit meinem ganzen Herzen nachfolge. Amen.

ZUR VERTIEFUNG

LUKAS 18,18–30
Lukas beschreibt eine Begebenheit, bei der ein reicher Mann Jesus fragt, was er tun muss, um ewiges Leben zu bekommen.

39 Ich bin ein Christ

*Dort blieben die beiden ein ganzes Jahr lang in
der Gemeinde, um viele Menschen im Glauben
zu unterweisen. In Antiochia wurden
die Jünger zum ersten Mal „Christen" genannt.*

APOSTELGESCHICHTE 11,26

Warum geben so viele Nachfolger Jesu anscheinend nur
widerstrebend zu, dass sie Christen sind?

- Schämen Sie sich für Jesus?
- Liegt es daran, dass sogenannte Christen, die nicht
  wie Jesus leben, und aggressive Nichtchristen die
  Welt so negativ beeinflussen?
- Liegt es daran, dass dieses Wort keine allgemein
  gültige Bedeutung mehr hat?

Das Wort *Christus* ist im griechisch geschriebenen Neuen
Testament die Übersetzung des Wortes *Messias* im hebrä-
isch geschriebenen Alten Testament. *Christus* beziehungs-
weise *Messias* nennt das jüdische Volk den Erlöser und König, den Gott vor langer Zeit zugesagt hat.

Die Bezeichnung, die den Nachfolgern Jesu in Antiochia
gegeben wurde, *Christ,* bedeutet somit „jemand, der zu
Christus gehört", „jemand, der ein Teil von Christus ist".

Viele Nichtchristen schütteln über die Bezeichnung *Christ* ablehnend den Kopf. Es ist unsere Aufgabe, so zu leben, dass sie den Kopf vor Verwunderung schütteln.

PERSÖNLICHE FRAGEN

Welche Assoziationen verbinden Sie mit dem Wort *Christ*? Bezeichnen Sie sich als Christ? Warum oder warum nicht?

GEBET

Jesus, was für eine Ehre ist es, zu dir zu gehören! Hilf mir, heute so als Christ zu leben, dass ich dir die Ehre gebe. Amen.

ZUR VERTIEFUNG

1. PETRUS 4,12–19
Petrus erinnert Christen daran, dass sie, selbst wenn sie wegen ihres Glaubens an Christus leiden, stolz darauf sein sollten, dass sie seinen Namen tragen dürfen.

40 Ich bin ein Sieger, der triumphiert

*Aber dennoch: Mitten im Leid triumphieren wir
über all dies durch Christus, der uns so geliebt hat.*

RÖMER 8,37

Vielleicht müssen Sie gerade mit einem Misserfolg oder einer Enttäuschung fertigwerden:

- Sie haben die erwartete Beförderung nicht bekommen.
- Eine Beziehung ist gescheitert.
- Sie haben Ihre Ersparnisse durch eine Fehlinvestition verloren.

In einer Kultur, die den Erfolg anbetet – die Fittesten und Attraktivsten, die Reichsten und die Klügsten –, drängt sich dabei leicht der Gedanke auf: „Ich bin ein Versager."

Dieser Gedanke *fühlt* sich vielleicht sogar richtig an. Aber Paulus sagt, dass das nicht stimmt. Selbst in den schlimmsten Momenten triumphieren Christen und sind keine Versager. Das Wort *triumphieren* bedeutet „überwältigend siegen, den vollständigen Sieg erringen".

Wie kann Paulus so etwas sagen? Wie kann man sich in einer schlimmen Lage befinden und trotzdem murmeln: „Ich triumphiere!" Ist das nicht ein unverbesserliches Leugnen der Realität? Ganz und gar nicht!

Paulus schreibt, dass wir durch Christus überwinden, „der uns so geliebt hat." Die Liebe Jesu besiegt immer das Böse. Sie geht immer als Sieger hervor. Selbst wenn alles andere zerbricht, bleibt die Liebe immer noch bestehen.

Wir können nie Versager sein, wenn wir von Jesus, der die Liebe ist, vollkommen geliebt werden.

? PERSÖNLICHE FRAGEN

Wann mussten Sie das letzte Mal einen Misserfolg oder eine Enttäuschung hinnehmen? Machen Sie sich bewusst, dass Sie ein Sieger sind, der triumphiert, und bewerten Sie diese Situation neu. Ändert diese neue Sicht etwas an Ihren Gefühlen oder daran, wie Sie die Situation sehen?

GEBET

Herr Jesus, öffne mir heute die Augen. Hilf mir, mich – und mein Versagen – durch die Augen deiner Liebe zu sehen. Amen.

ZUR VERTIEFUNG

RÖMER 8,31–39
Paulus beschreibt, dass wir durch Jesus triumphieren.

41 Ich bin jemand, der ewig leben wird

Und genau darin besteht das ewige Leben:
dich, den einen wahren Gott, zu erkennen
und Jesus Christus, den du gesandt hast.

JOHANNES 17,3

Viele Menschen stellen sich das *ewige Leben* als etwas Abstraktes, Unpersönliches vor:

- eine göttliche Garantie für Christen, eine herrliche Zusage, die sich in dem Moment, in dem wir sterben, erfüllen wird
- eine andere Bezeichnung für den Himmel oder die Ewigkeit
- eine vollkommene, endlose Version des Lebens auf der Erde

Jesus sagt, dass diese ganzen Erklärungen unzureichend sind. Denn sie stellen nicht heraus, dass *er* der Mittelpunkt und die Quelle des Lebens ist, das nie endet (Johannes 5,24; 6,47; 14,6). Ewiges Leben ist eine Person (Jesus) und kein Ort! Unser ewiges Leben beginnt, sobald wir Jesus im Glauben kennenlernen.

Überlegen Sie: Wenn wir durch Jesus Christus neues Leben bekommen haben (Römer 6,11) und in einer engen

Verbindung mit dem Herrn leben (1. Korinther 6,17), wie können wir dann je sterben?

Wir wissen, dass wir ewig leben, weil wir jetzt mit dem in Verbindung stehen, der das ewige Leben ist.

PERSÖNLICHE FRAGEN

Verändert die Vorstellung, dass das *ewige Leben* kein Ort ist, Ihre Einstellung zu Gottes Geschenk des ewigen Lebens? Wenn ja, wie?

GEBET

Herr Jesus, du bist die Quelle des ewigen Lebens und schenkst es uns. Du bist das Leben. Danke, dass du mich zu dir ziehst und mir verheißt, dass ich nie sterben werde. Amen.

ZUR VERTIEFUNG

PSALM 39,2–8
König David erinnert sich, wie flüchtig dieses Leben ist, und spricht von seiner Hoffnung auf den Herrn.

42 Ich bin geheilt

Christus hat unsere Sünden auf sich genommen
und sie am eigenen Leib zum Kreuz hinaufgetragen.
Das bedeutet, dass wir für die Sünde tot sind und
jetzt leben können, wie es Gott gefällt. Durch seine
Wunden hat Christus euch geheilt.

1. PETRUS 2,24

Heilung ist in der Bibel ein wichtiges Thema. Die Bibel erzählt häufig, dass Propheten und Apostel Menschen heilen, die an verschiedenen Krankheiten und körperlichen Gebrechen leiden. Und natürlich von Jesus, der auf die Erde gekommen ist und uns gezeigt hat, wie Gott ist. Er hat oft die Kranken berührt und sie auf übernatürliche Weise wieder gesund gemacht.

Im gesamten Johannesevangelium werden diese Wunder *Zeichen* genannt. Das heißt, sie weisen auf etwas anderes hin, auf etwas, das noch viel wunderbarer ist. Was könnte besser sein, als von einer tödlichen Krankheit geheilt zu werden?

In Jesus Christus ewige *geistliche* Heilung zu finden.

Wenn Gott auf wunderbare Weise einen bösartigen Hirntumor heilt, freuen wir uns, und das zu Recht! Aber die Heilung bedeutet nicht, dass dieser Mensch nicht irgendwann an einer anderen Krankheit sterben wird. Wenn Jesus nicht vorher wiederkommt, wird jeder von uns irgendwann sterben.

Im Evangelium lesen wir: Als die Sünde wie die aggressivste Form von Krebs im Endstadium unsere Seelen zerstörte, hat Jesus unsere Krankheit auf sich genommen und uns seine perfekte Gesundheit geschenkt.

PERSÖNLICHE FRAGEN

Worin ähneln sich Sünde und Krebs im Endstadium? Worin unterscheiden sie sich?

GEBET

Herr, danke für meine körperliche Heilung. Aber noch mehr danke ich dir, dass du mein sündenkrankes Herz heilst! Amen.

ZUR VERTIEFUNG

JESAJA 53
Der Prophet Jesaja beschreibt, wie wir durch die Leiden, die Jesus ertragen hat, geheilt werden.

43 Ich bin ein Diener Gottes

Da lobte ihn sein Herr:„Gut so, du bist
ein tüchtiger und zuverlässiger Verwalter.
In kleinen Dingen bist du treu gewesen,
darum werde ich dir Großes anvertrauen.
Komm zu meinem Fest und freu dich mit mir!"

MATTHÄUS 25,21

Die Stellen im Neuen Testament, die davon sprechen, dass wir *Diener* und/oder *Sklaven* sind, stören uns. Wir fragen: „Warum verurteilt die Bibel die Sklaverei nicht?"

Diese Frage ist berechtigt. Eine Teilantwort ist, dass die Sklaverei im Neuen Testament anders als später in den USA kein Rassenproblem war und dass sie selten langfristig war. Meistens war sie eine freiwillige wirtschaftliche Vereinbarung ähnlich einer *Vertragsknechtschaft*. Ungefähr ein Drittel der Menschen, die im Römischen Reich lebten, waren freiwillig Sklaven oder Knechte!

Jesus und die Apostel benutzten diese übliche Praxis als Gleichnis für eine geistliche Tatsache: Durch den Glauben sind wir – freiwillig – „Knechte Gottes" und „Sklaven Christi" (2. Korinther 6,4; Epheser 6,6). In Jesus finden wir einen gerechten und guten Herrn, der „einem Sklaven gleich" wurde. „Er erniedrigte sich selbst noch tiefer und war Gott gehorsam bis zum Tod, ja, bis zum schändlichen Tod am Kreuz" (Philipper 2,7–8).

Wenn wir uns erniedrigen und wie Sklaven leben, werden wir Jesus ähnlich.

 ## PERSÖNLICHE FRAGEN

Inwiefern werden wir Jesus ähnlicher, wenn wir uns erniedrigen und wie ein Sklave leben?

 ## GEBET

Jesus, ich will dir dienen, wie du mir gedient hast. Mit meinem Leben. Amen.

 ## ZUR VERTIEFUNG

JOHANNES 13,1–17
Johannes beschreibt, wie Jesus seinen Jüngern die Füße gewaschen hat.

44 Ich bin ein Verwalter

Jeder soll dem anderen mit der Begabung dienen,
die ihm Gott gegeben hat. Wenn ihr die
vielfältigen Gaben Gottes in dieser Weise
gebraucht, setzt ihr sie richtig ein.

1. PETRUS 4,10

In der Antike hatten die Reichen oft zahlreiche Diener. Normalerweise wurden die fähigsten und vertrauenswürdigsten Diener als *Verwalter* eingesetzt. Dem Verwalter wurde die Verantwortung über den Besitz des Herrn übertragen, und es lag in seinem Aufgabenbereich, sich um den Besitz zu kümmern und Familienmitglieder oder Mitknechte aus diesem Besitz zu versorgen.

Petrus benutzt diese übliche Praxis als Veranschaulichung und bezeichnet alle, die an Jesus glauben, als Verwalter von Gottes Gaben. Gott hat uns sehr viel anvertraut:

- unser Leben
- die Wahrheit des Evangeliums
- materielle Mittel
- geistliche Gaben
- einmalige Gelegenheiten

Zusammen mit dem allen bekommen wir den Auftrag, im Leben von anderen etwas zum Positiven zu bewirken.

Wenn wir als Verwalter leben, verteilen wir das, was Gott unserer Fürsorge übergeben hat, um andere zu segnen und um Gott zu ehren.

Wir sind Verwalter – Manager und Verbindungsleute – von Gottes erstaunlicher Gnade!

PERSÖNLICHE FRAGEN

Sie haben heute die Gelegenheit, Gottes Gnade in eine gnadenlose Welt hineinzubringen! Werden Sie diese Gelegenheit nutzen? Wie?

GEBET

Herr, was für eine Ehre ist es, dass ich dir heute dienen kann, indem ich anderen diene! Hilf mir, ein treuer Diener zu sein. Amen.

ZUR VERTIEFUNG

MATTHÄUS 25,14–30
Jesus erzählt eine denkwürdige Geschichte: Das Gleichnis von den Talenten bzw. Silberstücken.

45 Ich bin ein Jünger

*Als es hell wurde, rief er seine Jünger
zu sich und wählte zwölf von ihnen aus,
die er Apostel nannte.*

LUKAS 6,13

Manchmal hört man, dass ein junger Trainer Assistenztrainer eines erfahrenen, älteren Trainers ist. Er ist sozusagen sein Jünger. Er geht bei ihm in die Schule und lernt von ihm. Der Trainerneuling wird von dem erfahrenen Trainer geformt und ausgebildet. Der „Schüler" lernt die Techniken und die Philosophie des „Meisters". Wahrscheinlich übernimmt er einiges davon für sich.

Das ist in den Evangelien gemeint, wenn von Jesu Jüngern die Rede ist. Wie eifrige Schüler folgten diese Männer – und auch eine ganze Reihe Frauen, was in der Kultur der Antike unerhört war – Jesus überallhin nach. Sie beobachteten ihn, hörten ihm zu und nahmen das, was sie sahen und hörten, auf. Mit der Zeit wurden diese lernbegierigen Jünger Jesus ähnlich (Apostelgeschichte 4,13) und bekamen den Auftrag, in die ganze Welt zu gehen und auch andere zu Jüngern zu machen (Matthäus 28,18–20).

Nicht alle Christen werden von Gott berufen und ausgerüstet, Apostel, Propheten und Pastoren zu sein. Aber jeder Christ kann ein treuer Nachfolger und aufmerksamer Schüler Jesu werden.

Jesus beruft Sie, ein Jünger zu sein, der andere Menschen zu Jüngern macht.

 PERSÖNLICHE FRAGEN

Was tun Sie aktiv, um das zu tun, wozu Jesus Sie berufen hat: ein Jünger zu sein, der Menschen zu Jüngern macht?

 GEBET

Herr Jesus, hilf mir, alles zu lernen, was du mich heute lehren willst. Amen.

 ZUR VERTIEFUNG

RÖMER 10,9–15
Der Apostel Paulus ermutigt Christen, loszugehen und anderen von Jesus zu erzählen.

46 Ich bin geliebt

Gott aber beweist uns seine große Liebe
gerade dadurch, dass Christus für uns starb,
als wir noch Sünder waren.

RÖMER 5,8

Während der drei Jahrzehnte, in denen er als Eheberater arbeitete, beobachtete Dr. Gary Chapman fünf Arten, wie Menschen Liebe annehmen können und wie sie selbst Liebe ausdrücken. Diese „fünf Sprachen der Liebe" sind:

- Lob und Anerkennung
- Zeit nur für dich
- Hilfsbereitschaft
- Zärtlichkeit
- Geschenke

Faszinierend ist, dass Gott uns seine Liebe auch auf diese fünf Arten zeigt:

- Gottes geschriebenes Wort, die Bibel, und sein lebendiges Wort, Jesus, bestätigen uns immer wieder, wie sehr er uns liebt und wie wichtig wir für ihn sind (Johannes 13,34; Johannes 15,12).
- Durch die Bibel und das Gebet können wir ständig Zeit in Gottes Gegenwart verbringen (Römer 5,5; 1. Thessalonicher 5,17).
- Durch Jesu aufopferungsvolles Leben und seine

liebevollen Taten sehen wir, wie sich die Liebe durch Taten zeigt (1. Johannes 3,16).

- Und wie ist es mit Zärtlichkeit? Jesus zeigt uns durch andere Christen, die sein Fleisch und Blut auf Erden sind, diese Liebe (1. Johannes 4,19; Römer 16,16).
- Durch das kostbare Geschenk seines Sohnes und die unzähligen anderen Geschenke, mit denen er uns segnet, zeigt uns Gott auf unvergleichliche Weise seine Liebe (Johannes 3,16; Jakobus 1,17).

Der Autor Brennan Manning hat es treffend ausgedrückt: „Definiere dich ganz radikal als einen Menschen, der von Gott geliebt ist. Das ist das wahre Ich. Jede andere Identität ist Illusion."

PERSÖNLICHE FRAGEN

Welche der fünf Sprachen der Liebe ist die Art, wie Sie Liebe annehmen können? Mit welcher Sprache drücken Sie Ihre Liebe aus? Was können Sie tun, um durch diese Sprache Gottes Liebe besser anzunehmen? Was können Sie tun, um Gottes Liebe durch diese Sprache der Liebe weiterzugeben?

 GEBET

Herr, mache mich fähig, deine Liebe zu erkennen und ihr zu vertrauen, damit ich sie der Welt weitergeben kann. Amen.

 ZUR VERTIEFUNG

5. MOSE 7,6–9
Mose beschreibt, wie Gottes Liebe über alle Generationen hinweg bestehen bleibt.

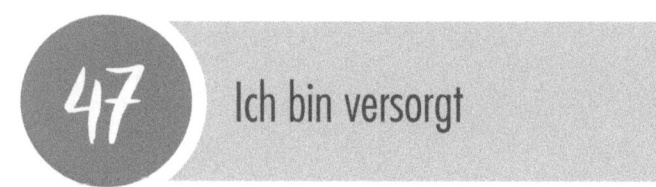

Ich bin versorgt

Aus seinem großen Reichtum wird euch Gott,
dem ich gehöre, durch Jesus Christus alles geben,
was ihr zum Leben braucht.

PHILIPPER 4,19

Nehmen Sie sich ein wenig Zeit für die folgende kurze Übung:

- Erstellen Sie eine Liste mit den Dingen, die Sie und Ihre Angehörigen im Moment brauchen. Unterscheiden Sie zwischen Dingen, die Sie brauchen, und Dingen, die Sie wollen. Denken Sie dabei an das ganze Spektrum von Dingen, die Sie brauchen – in finanzieller, emotionaler, geistlicher und sozialer Hinsicht.
- Schreiben Sie jetzt fünf Wörter auf, die am besten beschreiben, wie Sie sich fühlen würden, wenn es allein an Ihnen läge, alle diese Menschen mit allem zu versorgen, was sie brauchen.

In diesem bekannten Vers dankt Paulus den Philippern, dass sie ihn finanziell unterstützen, und erinnert sie gleichzeitig daran, dass Gott derjenige ist, der letztendlich alle versorgt. Er kann Menschen durch einen Arbeitsplatz versorgen. Oder durch großzügige Menschen.

Aber die Zusage gilt, dass unser guter Vater uns *alles* geben wird, was wir brauchen. Dieses Wissen befreit uns von Sorgen. Außerdem macht es uns frei, großzügig zu sein, denn wir wissen, dass das, was wir geben, niemals mehr sein wird als das, was Gott uns gibt.

Wenn Sie etwas wirklich brauchen, haben Sie die Zusage, dass Gott es Ihnen geben wird.

 PERSÖNLICHE FRAGEN

Können Sie in Zukunft anders mit Ihrem Geld umgehen, da Sie wissen, dass Gott Ihnen alles geben wird, was Sie brauchen?

 GEBET

Gott, gepriesen sei dein Name. Du versorgst mich immer. Amen.

ZUR VERTIEFUNG

MATTHÄUS 6,25–34
Jesus erklärt, warum wir uns nie Sorgen zu machen brauchen.

48 Ich bin aus Gott geboren

Die ihn aber aufnahmen und an ihn glaubten,
denen gab er das Recht, Kinder Gottes zu
werden. Das wurden sie nicht, weil sie zu einem
auserwählten Volk gehörten, auch nicht
durch menschliche Zeugung und Geburt.
Dieses neue Leben gab ihnen allein Gott.

JOHANNES 1,12–13

Gibt es ein größeres Wunder oder ein größeres Geheimnis als die Geburt? Jede Mutter, jeder Vater und jede Hebamme können bestätigen, dass eine Geburt anstrengend und beglückend, wunderschön und extrem unangenehm ist – und das alles gleichzeitig.

Die körperliche Geburt ist ein wunderbares Bild für die geistliche Geburt. Babys werden gezeugt; sie zeugen sich nicht selbst. Genauso ist es bei Christen. Zuerst ist der Glaube mikroskopisch klein wie ein Embryo. Aber genauso wie ein Fötus im Mutterleib wächst er mit der Zeit. Alles ist dunkel. Und plötzlich ist es nicht mehr dunkel. Man kommt ins Licht.

Willkommen in Gottes Familie! Das Einzige, das besser ist als das Leben, ist das neue Leben in Christus.

 ## PERSÖNLICHE FRAGEN

Was beschreibt die Beziehung zwischen einem Vater bzw. einer Mutter und ihrem Kind? Haben wir normalerweise diese Beziehung vor Augen, wenn wir an Gottes Beziehung zu den Menschen denken?

 ## GEBET

Gott, danke, dass du mich gerettet hast und mich zu deinem Kind machst. Amen.

 ## ZUR VERTIEFUNG

GALATER 3,23–4,7
Paulus beschreibt die Nachfolger Jesu als Gottes Kinder.

49 Ich bin ein neuer Mensch

Gehört also jemand zu Christus, dann ist er ein
neuer Mensch. Was vorher war, ist vergangen,
etwas völlig Neues hat begonnen.

2. KORINTHER 5,17

Neu gehört zu den Lieblingswörtern unserer Kultur. Sonst würde dieses Wort in der Werbung nicht ständig benutzt werden, um Produkte anzupreisen.

Neues ist einfach zum Verlieben:

- das süße neugeborene Baby
- der Geruch des neuen Autos
- das schöne neue Café an der Ecke
- die interessante neue Mitschülerin im Englischkurs

In der Bibel steht eine erstaunliche Aussage: Wenn Sie in Christus sind – das heißt, wenn Sie darauf vertrauen, dass er Sie vor Gott gerecht macht –, werden Sie ein neuer Mensch, eine neue Schöpfung. Ihr altes Leben existiert nicht mehr. Ihre alte Identität als geistlich toter, hartherziger Feind Gottes ist vergangen.

Plötzlich haben Sie eine neue Identität und eine neue Beziehung zu Gott. Sie haben ein neues Herz, das auf ihn reagiert. Sie sind mit neuem Leben erfüllt und Sie bekommen einen neuen Auftrag. Und auch neue Kraft, um diesen Auftrag auszuführen.

Falls Sie sich heute nicht neu *fühlen,* machen Sie sich deshalb keine Sorgen: Wenn Jesus Ihr Erlöser ist, sind Sie in allen Bereichen, auf die es ankommt, neu geworden.

 PERSÖNLICHE FRAGEN

Was ist für Sie am tröstlichsten an der Vorstellung, dass Sie in Christus eine neue Schöpfung sind? Dass Ihre Vergangenheit vorbei ist? Dass Sie neue Gaben und Fähigkeiten haben? Etwas anderes?

 GEBET

Gott, hilf mir, deinem Wort zu vertrauen, dass ich in Christus ein neuer Mensch bin. Amen.

ZUR VERTIEFUNG

EPHESER 4,17–24
Paulus beschreibt das Leben als neuer Mensch in Christus.

50 Ich bin reich

Ja, ich setze mich dafür ein, dass Gott euch allen
Mut und Kraft gibt und euch in seiner Liebe
zusammenhält. Er schenke euch tiefes Verstehen,
damit ihr die ganze Größe seines Geheimnisses
erkennt. Dieses Geheimnis ist Christus. In ihm sind
alle Schätze der Weisheit und Erkenntnis verborgen.

KOLOSSER 2,2–3

Die Bibel sagt viel über *materiellen Reichtum.* Wir lesen:

- Geld ist ein *Segen* – keine Garantie für jeden Christen (Sprüche 10,22).
- Geld ist ein *Mittel*, mit dem wir andere segnen können (1. Timotheus 6,17–18).
- Geld kann eine *Gefahr* für unsere Seele sein (1. Timotheus 6,10).

Deshalb werden Christen aufgefordert, im Umgang mit ihren Finanzen von Herzen dankbar, sehr großzügig und besonders vorsichtig zu sein.

Über *geistlichen Reichtum* sagt die Bibel noch viel mehr. Gott ist *reich* an:

- Gnade (Epheser 1,7)
- Barmherzigkeit (Epheser 2,4)

- Freundlichkeit und Geduld (Römer 2,4)
- Weisheit und Erkenntnis (Römer 11,33)

Dieser unermessliche Reichtum ist in Christus (Epheser 3,8). Das heißt, wir sind zwar vielleicht im weltlichen Sinn nicht reich, aber im geistlichen Sinn sind wir Milliardäre!

Jesus kam, um Gottes unermesslichen geistlichen Reichtum mit den Menschen zu teilen, die ihm vertrauen.

 PERSÖNLICHE FRAGEN

Wie würden Sie einem Kind erklären, was geistlicher Reichtum ist?

 GEBET

Gott, lehre mich, die großen geistlichen Schätze, die mir in Christus zur Verfügung stehen, zu nutzen. Amen.

ZUR VERTIEFUNG

PSALM 19,8–11
David schreibt, dass Gottes Gesetz kostbarer ist als Gold.

51 Ich bin von Gott adoptiert

Denn der Geist Gottes, den ihr empfangen habt,
führt euch nicht in eine neue Sklaverei, in der
ihr wieder Angst haben müsstet. Er hat euch
vielmehr zu Gottes Söhnen und Töchtern gemacht.
Jetzt können wir zu Gott kommen und
zu ihm sagen: „Abba, lieber Vater!"

RÖMER 8,15

Er war erst acht, aber Tim hatte schon mehr Leid erlebt als viele, die fünfmal so alt waren wie er. Verlassen und missbraucht, verhaltensauffällig und straffällig. Wer sollte einen so kaputten Jungen haben wollen?

Aber an einer neuen Schule freundete er sich mit einem älteren Kind an. Ein halbes Jahr später kam dieser Junge mit seinen Eltern in Tims Waisenhaus. Mit Liebe in den Augen und mit Zuneigung in der Stimme fragten sie: „Möchtest du Teil unserer Familie werden?"

Das Einzige, das vielleicht noch schöner ist, als ein Kind zu *bekommen,* ist, ein Kind zu *adoptieren.* Das hat Jesus für uns getan! Er ist nicht nur unser Freund geworden – das wäre schon erstaunlich genug gewesen. Er hat den Weg freigemacht, damit wir in Gottes Familie adoptiert werden konnten!

In Christus wurden Sie von Gott ausgewählt, für immer und ewig sein Kind zu sein.

 ## PERSÖNLICHE FRAGEN

Vielleicht kennen Sie eine Familie (vielleicht sogar Ihre eigene), die ein Kind adoptiert hat. Wie war der Adoptionstag? Wie war Ihr geistlicher Adoptionstag?

 ## GEBET

Abba Vater, Jesus, Heiliger Geist, danke, dass ich in eure Familie adoptiert worden bin. Dafür bin ich unendlich dankbar. Amen.

 ## ZUR VERTIEFUNG

EPHESER 1,3–14
Paulus schreibt, dass Gott uns Christen ausgewählt hat, um uns in seine Familie zu adoptieren.

52 Ich bin ein Kind der Zusage

Das bedeutet: Nicht alle, die auf natürliche Weise
von Abraham abstammen, gehören zu Gottes
Volk und damit zu seinen Kindern. Nur der zählt
dazu, wer – so wie Isaak – Gottes Zusage hat.

RÖMER 9,8

Vor rund 4000 Jahren erschien Gott Abraham in einer sternklaren Nacht in einer Vision. Er forderte ihn auf, zum Himmel hinaufzuschauen und die Sterne zu zählen. „So viele Kinder wirst du irgendwann haben", sagte Gott (1. Mose 15,5). Der alte, kinderlose Mann glaubte dieser erstaunlichen Zusage.

Der Rest des Alten Testaments bestätigt, dass Gott sein Wort gehalten hat. Abrahams Frau bekam durch ein Wunder ein Kind. Aus dieser kleinen Familie ließ Gott ein ganzes Volk entstehen. Aus diesem Volk kam ein Retter namens Jesus. Durch ihn wird Juden und Nichtjuden angeboten, Teil von Gottes wunderbarer Familie zu werden.

Jeder, der in Jesus ist, ist Teil der Erfüllung von Gottes Zusage an Abraham, den großen Stammvater des Glaubens. Als jemand, der an Jesus glaubt, waren Sie einer dieser funkelnden Sterne, die Abraham in jener sternklaren Nacht gesehen hat!

Der Glaube an Christus macht uns zu einem Teil von Gottes großem uralten Plan.

 PERSÖNLICHE FRAGEN

Was für ein Gefühl ist es zu wissen, dass Sie ein Kind von Gottes Zusage an Abraham sind?

 GEBET

Gott, danke, dass du Zusagen gibst und sie hältst. Danke, dass du mich in deinen Erlösungsplan aufgenommen hast. Amen.

ZUR VERTIEFUNG

GALATER 4,21–31
Paulus erklärt, was es heißt, dass wir durch den Glauben Abrahams Nachkommen sind.

53 Ich bin ein Licht in einer dunklen Welt

Früher habt auch ihr in Dunkelheit gelebt; aber
heute ist das anders: Weil ihr mit dem Herrn
verbunden seid, seid ihr im Licht. Darum lebt
nun auch wie Menschen, die zum Licht gehören!

EPHESER 5,8

Vielleicht kennen Sie auch einen Nachfolger Jesu, der richtig zu strahlen scheint. Und das nicht nur, weil er gerade vom Strandurlaub zurück ist oder weil sie schwanger ist oder eine gute Make-up-Beraterin hat.

Wir sprechen hier von Ausstrahlung. Man schaut fast staunend zu, wie dieser Mensch seinen Glauben lebt. Seine Augen leuchten. Sein Leben hat Ausstrahlung.

Dieses strahlende Licht und dieses Leben mit Ausstrahlung finden wir in der Bibel immer wieder:

- Mose strahlte, nachdem er in Gottes Gegenwart gewesen war (2. Mose 34,33–35).
- Feuer und helles Licht symbolisieren oft Gottes Gegenwart (2. Mose 3,2; 24,17; 2. Chronik 7,1).
- Als Jesus drei Jünger einen kurzen Blick in seine himmlische Herrlichkeit werfen ließ, war es, als schauten sie in die Sonne! (Matthäus 17,1–2; Markus 9,2–3; Lukas 9,28–29).

Jetzt wissen Sie, warum es möglich ist, zu strahlen und für den Herrn zu leuchten. Das Licht der Welt lebt in uns!

Wenn Jesus unser Herz erfüllt und wenn wir unser Herz der Welt öffnen, strahlt Gottes Licht aus uns.

PERSÖNLICHE FRAGEN

Gibt es in Ihrem Leben etwas, das das Licht trübt? Was wollen Sie heute tun, damit Ihr Licht heller strahlt?

GEBET

O wunderbarer Herr, leuchte heute in mir und durch mich. Darum bitte ich dich. Amen.

ZUR VERTIEFUNG

1. JOHANNES 1,5–10
Der Apostel Johannes fordert Christen auf, mit Christus im Licht zu leben.

*Ich bin der Weinstock, und ihr seid
die Reben. Wer mit mir verbunden bleibt,
so wie ich mit ihm, der trägt viel Frucht.
Denn ohne mich könnt ihr nichts ausrichten.*

JOHANNES 15,5

Sie holen Ihre elektrische Heckenschere und ein langes Kabel aus der Garage. Fest entschlossen gehen Sie an die Arbeit und fangen an, die überwucherte Hecke zurückzuschneiden.

Als Sie schon 18 Sträucher zurechtgeschnitten haben und Ihnen nur noch zwei fehlen, schauen Sie zurück, um Ihre Arbeit zu begutachten. Als Ihr Blick auf die ganzen abgeschnittenen Zweige fällt, die am Boden liegen und in der Sonne verwelken, lassen Sie die immer noch laufende Heckenschere unbewusst sinken. Sie landet direkt auf Ihrem Verlängerungskabel. Mit einem lauten *zzztttt* findet Ihr angefangenes Projekt ein frühzeitiges Ende.

Die sterbenden Zweige. Die Heckenschere ohne Strom. Das alles ist eine Erinnerung an das, was Jesus seinen Jüngern gesagt hat. Jesus vergleicht sich selbst mit einem Weinstock und sagt, dass wir Christen wie die Reben sind. Solange wir mit ihm verbunden sind und von ihm Leben und Kraft bekommen, tragen wir Frucht. Dazu müssen wir uns nicht einmal anstrengen! Aber ohne ihn können wir nicht vertrauen, nicht wachsen, nichts bewirken, einfach nichts tun!

Als einzelne Rebe, als abgeschnittener Zweig können Sie nichts tun. Wenn Sie mit Jesus verbunden sind, können Sie alles schaffen, was er von Ihnen verlangt.

PERSÖNLICHE FRAGEN

Es gibt verschiedene Möglichkeiten, mit Jesus so verbunden zu sein, wie eine Rebe mit einem Weinstock verbunden ist. Welche Mittel setzen Sie hauptsächlich ein, um mit ihm noch intensiver verbunden zu bleiben?

GEBET

Jesus, zeige mir, wie ich eng mit dir verbunden bleiben kann. Amen.

ZUR VERTIEFUNG

JOHANNES 15,1–8
Jesus erklärt, dass er der Weinstock ist, der die Reben mit Leben versorgt, und dass wir als die Reben von ihm abhängig sind.

55 Ich bin ein Freund von Jesus

Ich nenne euch nicht mehr Diener; denn einem
Diener sagt der Herr nicht, was er vorhat.
Ihr aber seid meine Freunde; denn ich habe euch
alles anvertraut, was ich vom Vater gehört habe.

JOHANNES 15,15

Man spricht oft von besten Freunden, engen Freunden, einflussreichen Freunden. In Jesus haben wir das alles in einer Person.

In der Nacht, bevor er starb, versammelte Jesus seine engsten Nachfolger um sich und schüttete ihnen sein Herz aus. Trotz ihrer vielen Fehler – einschließlich der Situationen, in denen sie noch vor Sonnenaufgang versagen würden – liebte er die Gemeinschaft mit diesen unvollkommenen Menschen.

Wir können uns diesen Moment kaum vorstellen, ohne dass es uns die Kehle zuschnürt und unser Herz schneller schlägt. Jesus hat uns gezeigt, dass Gott kein wütender Richter ist, der Sünder gnadenlos verurteilt. Er ist unser bester Freund.

In Jesus bietet uns Gott die Freundschaft an, die wir unser ganzes Leben lang gesucht haben.

 PERSÖNLICHE FRAGEN

Was macht für Sie eine Freundschaft aus? Macht das auch Ihre Beziehung zu Jesus aus?

 GEBET

Herr, ich will für dich und für andere genauso ein Freund sein, wie du es für mich bist. Amen.

ZUR VERTIEFUNG

JOHANNES 15,9–17
Jesus beschreibt, wie die Freundschaft mit ihm aussieht.

56 Ich bin ein Fremder in dieser Welt

Meine lieben Freunde! Ihr wisst, dass ihr in dieser
Welt Fremde seid; sie ist nicht eure Heimat.
Deshalb bitte ich euch eindringlich: Gebt den
Angeboten und Verlockungen dieser Welt nicht
nach. Ihr Ziel ist es, euch innerlich zu zerstören!

1. PETRUS 2,11

Es heißt oft, dass Nachfolger von Jesus *in* der Welt, aber nicht *von* der Welt sind. Mit anderen Worten: Da dieses Leben zeitlich begrenzt ist, müssen wir darauf achten, dass wir unser Herz nicht an weltliche Werte hängen.

Der Apostel Petrus brachte diese Tatsache deutlich zum Ausdruck, als er den jüdischen Christen des ersten Jahrhunderts, die über ganz Kleinasien verstreut waren, schrieb, dass sie Fremde sind und die Welt nicht ihre Heimat ist. Damit spielte er auf die Zeitspanne in der jüdischen Geschichte an, nachdem die Babylonier Jerusalem erobert hatten (586 v. Chr.). Die Eroberer nahmen die klügsten und besten Bürger Judas gefangen und verschleppten sie nach Babylon.

Rund 70 Jahre lang lebten diese Juden als *Fremde* in einem fremden Land. Obwohl sie weit weg von ihrem Zuhause waren und oft misshandelt wurden, wurden sie

aufgefordert, ein heiliges Leben zu führen und ihre Nachbarn zu segnen (Jeremia 29). Diese Aufforderung gilt auch
uns.

Wenn wir vergessen, dass wir nur für kurze Zeit hier sind,
sind wir kurzsichtig.

 ## PERSÖNLICHE FRAGEN

Bei welchen weltlichen Dingen fällt es Ihnen besonders
schwer, sich bewusst zu machen, dass Sie nur ein Fremder
auf dieser Welt sind und dass die Welt nicht Ihre Heimat
ist?

 ## GEBET

Vater, erinnere mich immer wieder daran, dass ich ein
Tourist und kein Einheimischer auf der Erde bin. Amen.

 ## ZUR VERTIEFUNG

JOHANNES 17,6–19
Jesus betet für seine Jünger.

Ich bin ein Bürger des Himmels

Wir dagegen haben unsere Heimat im Himmel.
Von dort erwarten wir auch Jesus Christus,
unseren Herrn und Retter.

PHILIPPER 3,20

Obwohl die Stadt Philippi, die im heutigen Griechenland lag, ca. 1300 Kilometer von Rom entfernt lag, war sie eine römische Kolonie. Als eingebürgerte römische Bürger genossen die Bewohner von Philippi die gleichen Rechte wie die Römer, die in Italien lebten. Paulus nutzte diese politische Situation, um die Christen daran zu erinnern, wem ihre Treue in Wirklichkeit gehören sollte.

Eine amerikanische Einbürgerungsfeier läuft folgendermaßen ab: Bei einer offiziellen Veranstaltung, oft im Gerichtsgebäude, schwören Menschen, die aus anderen Ländern stammen, den USA die Treue und werden Bürger dieses Landes. Diese Menschen versprechen begeistert und gern ihrem neuen Land die Treue. Eine solche Feier ist ein Erlebnis. Sie können sich nicht vorstellen, wie man sich hier umarmt, sich freut und die amerikanische Flagge schwenkt. Es ist wirklich ein Freudenfest.

Wenn wir unseren Glauben auf Jesus setzen, findet eine Art Einbürgerungsfeier statt. Wir bekommen alle Rechte, den ganzen Segen und die ganzen Pflichten des Himmels. Und der ganze Himmel feiert (Lukas 15,7).

Keine Staatsbürgerschaft auf der Erde ist damit vergleichbar, dass wir Bürger des Himmels sind!

 PERSÖNLICHE FRAGEN

Welche Vorteile bringt es, Bürger des Himmels zu sein? Welcher davon ist Ihnen am wichtigsten?

 GEBET

Herr, danke, danke, danke für den Segen, dass ich ein Bürger deines Reichs sein darf. Amen.

 ZUR VERTIEFUNG

EPHESER 2,19–22
Paulus beschreibt, wer wir in Christus sind.

58 Ich bin ein Botschafter

Als Botschafter von Christus fordern wir
euch deshalb im Namen Gottes auf:
Lasst euch mit Gott versöhnen! Wir bitten
euch darum im Auftrag von Christus.

2 KORINTHER 5,20

Sie wissen natürlich, was ein Botschafter ist. Botschafter leben im Ausland und vertreten dort die Interessen ihres Heimatlandes.

Der Apostel Paulus versah diesen allgemein bekannten offiziellen Titel mit einer wichtigen geistlichen Bedeutung, als er sagte, dass wir Botschafter Christi sind. Wir sind von unserem Herrn berufen und offiziell beauftragt, überall, wohin wir gehen, Botschaften des Himmels auszurichten (Matthäus 28,18–20). Wir sollen das wunderbare Friedens- und Freundschaftsangebot unseres Königs einer Welt verkünden, die sich von ihm entfremdet hat.

Erfolgreiche Botschafter sind immer sachkundig und sympathisch. Sie gehen mit den Menschen in den Ländern, in die sie gesandt wurden, respektvoll um. Sie sind ehrlich und selbstverständlich diplomatisch. Deshalb sind gute Botschafter oft hoch geachtet und verhelfen ihrem Heimatland zu einem hervorragenden Ruf.

Denken Sie daran, dass Sie ein Botschafter des Himmels auf der Erde sind, während Sie heute anderen Menschen begegnen und unter ihnen arbeiten!

 PERSÖNLICHE FRAGEN

Wo dienen Sie anderen als Botschafter? In welchen Bereichen Ihres Lebens haben Sie Kontakt zu anderen, die nicht Bürger von Gottes Reich sind?

GEBET

Herr, hilf mir, dich heute würdig zu repräsentieren. Amen.

ZUR VERTIEFUNG

LUKAS 14,15–24
Jesus erzählt ein Gleichnis, in dem er Gottes Reich mit einem großen Festessen vergleicht.

59 Ich bin erfüllt

Deshalb lebt Gott auch in euch, wenn
ihr mit Christus verbunden seid. Er ist
der Herr über alle Mächte und Gewalten.

KOLOSSER 2,10

Als der Apostel Paulus hörte, dass es einige Christen in Kleinasien (der heutigen Türkei) reizte, an anderen Stellen als bei Jesus geistliche Wahrheit und Erfüllung zu suchen, wusste er, dass etwas geschehen musste. Deshalb wurde Paulus aktiv. Er schrieb den Brief an die Kolosser, einen brillanten, kleinen Brief, in dem er hervorhob, dass Jesus der mächtige Herr über alles ist.

„Passt auf, dass ihr nicht auf Weltanschauungen und Hirngespinste hereinfallt", forderte Paulus, denn „nur in Christus ist Gott wirklich zu finden, denn in ihm lebt er in seiner ganzen Fülle" (Kolosser 2,8–9). Das griechische Wort, das hier mit „Fülle" übersetzt wird, ist *plērōma,* das auch „Vervollständigung" bedeutet. Man könnte also auch sagen: Jesus „vervollständigt" uns.

Es kommt sogar noch besser: Da wir *in* dem einen sind, der diese ganze göttliche Fülle hat, sind auch wir erfüllt. Dass wir an seiner Fülle teilhaben, bedeutet, dass wir auch erfüllt sind.

Wir können unser ruheloses geistliches Suchen aufgeben, weil Jesus alles ist, was wir je brauchen oder wollen.

 ## PERSÖNLICHE FRAGEN

Wir sind in Christus vollständig und erfüllt. Welche Einflüsse wecken in Ihnen trotzdem manchmal die Sehnsucht nach mehr? Wie können Sie sich gegen diese Einflüsse wehren?

 ## GEBET

Herr Jesus, hilf mir, heute erfüllt zu leben, weil ich die Fülle, die ich in dir habe, erfahre und genieße. Amen.

 ## ZUR VERTIEFUNG

EPHESER 3,14–21
Paulus betet für die Christen in Ephesus.

Ich bin Gottes Werk

Was wir jetzt sind, ist allein Gottes Werk.
Er hat uns durch Jesus Christus neu geschaffen,
um Gutes zu tun. Damit erfüllen wir nun,
was Gott schon im Voraus für uns vorbereitet hat.

EPHESER 2,10

Was machen Sie mit großem Geschick und Können?
- Malen oder töpfern?
- Kochen oder backen?
- Schnitzen?
- Musik verfassen oder spielen?

Vielleicht sagen Sie: „Ich bin nicht besonders kreativ." Wirklich nicht?
- Können Sie Computerprobleme lösen?
- Können Sie kaputte Geräte reparieren?
- Können Sie Barsche fangen?

Wenn diese Dinge nicht kreativ sind, was dann?

Jeder von uns *ist* kreativ. Es geht gar nicht anders, denn ein unvorstellbar kreativer Schöpfer hat uns geschaffen, und er hat uns nach seinem Ebenbild geschaffen!

Als er über alles nachdachte, was Gott in Christus für

uns getan hat, sagte Paulus: „Wir sind Gottes Werk." Das griechische Wort, das mit „Werk" übersetzt wurde, ist *poiema*. Das Wort Poesie stammt davon ab. In der Literatur wird damit ein künstlerisches Meisterwerk beschrieben.

Was sagen Sie dazu? Sie sind kein wertloses Zufallsprodukt und kein unkreativer Fehler. Sie sind ein atemberaubendes Kunstwerk. Gott hat Sie geschaffen, damit Sie atemberaubende gute Dinge tun können.

 ## PERSÖNLICHE FRAGEN

Zu welchen guten Dingen hat Gott Sie geschaffen? Falls Sie es nicht wissen oder sich nicht sicher sind: Was wollen Sie unternehmen, um es herauszufinden?

 ## GEBET

Herr, zeige mir heute die guten Dinge, die du für mich geplant hast. Amen.

ZUR VERTIEFUNG

PSALM 139,13–18.23–24
David lobt Gott, weil er ihn einzigartig geschaffen hat und etwas Einmaliges mit ihm vorhat.

Ich bin ein Tempel des Heiligen Geistes

Oder habt ihr etwa vergessen, dass euer Körper ein Tempel des Heiligen Geistes ist, der in euch wohnt und den euch Gott gegeben hat? Ihr gehört also nicht mehr euch selbst.

1. KORINTHER 6,19

In der Antike gingen die Menschen zu Tempeln, um Gott – manchmal auch Göttern – zu begegnen.

Unter Gottes Anleitung und Moses Führung bauten die Juden für ihre Gottesdienste ein Zelt, die sogenannte Stiftshütte. Später baute Salomo in Jerusalem einen eindrucksvollen Tempel. In beiden Fällen kam eine strahlende Wolke vom Himmel und erfüllte den Ort, als diese Heiligtümer eingeweiht wurden. Dieses faszinierende Phänomen zeigte, dass diese Orte die Wohnung Gottes waren.

Als die Kirche geboren wurde und Gott seinen Geist ausgoss, kam „etwas wie züngelndes Feuer" vom Himmel. Es ließ sich aber nicht an einem festen Ort nieder, sondern „auf jedem Einzelnen von ihnen" (Apostelgeschichte 2,1–4). Diese Symbolik sagt viel aus. Sie signalisiert eine große Veränderung in Gottes Plan. Er wohnt nicht mehr in einem besonderen Gebäude. Er wohnt in seinem Volk!

Sie sind ein wandelnder, lebendiger Tempel. Dazu berufen, Gott zu den Menschen und die Menschen zu Gott zu bringen.

 ## PERSÖNLICHE FRAGEN

Wir sind Gottes Tempel. Steht es uns da frei, unseren Körper zu gebrauchen oder zu missbrauchen, wie wir gerade wollen? Oder erwartet Gott etwas anderes? Welche Herausforderungen bringt diese Tatsache für Sie mit sich?

 ## GEBET

Herr, leuchte heute in mir und durch mich, während ich dich in die Welt hineintrage. Amen.

 ## ZUR VERTIEFUNG

1. KORINTHER 3,9–17
Paulus führt genauer aus, was es heißt, dass Christen Gottes Tempel sind.

62 Ich bin ein Glied am Leib von Christus

Ebenso ist es mit uns Christen. Gemeinsam
bilden wir alle den Leib von Christus, und
jeder Einzelne ist auf die anderen angewiesen.

RÖMER 12,5

Viele Menschen – leider viel zu viele – haben negative Erfahrungen mit der Kirche gemacht. Das erklärt vielleicht,
warum heutzutage so wenig von Kirchenzugehörigkeit
die Rede ist. Eine wachsende Zahl von Christen hat keinen
formellen Bezug zu einer Ortsgemeinde. Falls sie regelmäßigen Kontakt zu einer Gemeinde haben, gebrauchen
sie Formulierungen wie: „Ich *gehe* in die Gemeinde xy",
oder: „Ich *besuche* die Gemeinde soundso."

Das Neue Testament lehrt unmissverständlich, dass wir
bei unserer Erlösung geistlich in Jesus hineingetauft werden (1. Korinther 12,12–13). Das bedeutet, ob es uns gefällt
oder nicht: Wir werden *Glieder* am weltweiten, unsichtbaren Leib von Christus. Wir werden mit allen anderen
Christen, die an Jesus glauben, vereint. Jesus hat uns nicht
erlöst, damit wir privat ein geistliches Leben führen.

Zu einem Leib zu gehören, bringt manchmal Schmerzen mit sich. Wenn man Zahnschmerzen hat, fühlt sich
der ganze Körper elend an. Teil eines Leibes zu sein, ist aber

auch ein wunderbares Geschenk. Der Mund kann beim Zahnarzt anrufen. Die Augen, Hände und Füße können uns zur Zahnarztpraxis bringen.

Als Glied am Leib von Christus brauchen Sie andere Christen und die anderen brauchen Sie.

 ## PERSÖNLICHE FRAGEN

Inwiefern könnten Sie heute die Hilfe eines Mitchristen brauchen? Gibt es jemanden, dem Sie Ihre Hilfe anbieten können?

 ## GEBET

Herr, hilf mir, zu den anderen Gliedern deines Leibes barmherzig zu sein. Amen.

 ## ZUR VERTIEFUNG

EPHESER 4,1–16
Paulus erklärt, wie der ganze Leib von Christus zusammenarbeitet, um in der Liebe zu wachsen.

63 Ich bin in Gottes Händen

Das eine aber wissen wir: Wer Gott liebt,
dem dient alles, was geschieht, zum Guten.
Dies gilt für alle, die Gott nach seinem Plan
und Willen zum neuen Leben erwählt hat.

RÖMER 8,28

Wo ist Gott, wenn wir leiden?

1981 versuchte der Rabbi Harold Kushner, der unter dem Tod seines jungen Sohnes litt, diese quälende Frage in seinem Buch *Wenn guten Menschen Böses widerfährt* zu beantworten. Kushner kam zu der Schlussfolgerung: Vielleicht ist Gott einfach nicht mächtig genug, um alles Leiden zu verhindern.

Der Apostel Paulus kam zu einer gegenteiligen Schlussfolgerung: Er wandte das Evangelium auf eine kaputte, von Schmerz erfüllte Welt an und erklärte, dass Gott denen, die ihn lieben, alles, was geschieht, zum Guten dienen lässt.

Gott ist nicht schwach oder hilflos. Er ist der große Herrscher. Er webt *alles* zusammen. Wir sehen jetzt sozusagen die Rückseite von Gottes „Gobelinbild"; sie sieht wirr und chaotisch aus. Wenn wir irgendwann die Vorderseite sehen, werden wir über die Schönheit und die Planung von Gottes Muster staunen.

In Christus sind wir in den guten Händen des Gottes, der unseren Schmerz in Segen verwandelt.

 PERSÖNLICHE FRAGEN

Welches Leid erleben Sie im Moment? Was wissen Sie über Jesus, das Ihnen helfen kann, ihm zu vertrauen, dass er Sie durch Ihren Schmerz hindurch begleitet?

 GEBET

Gott, gib mir Gnade zu vertrauen, dass du auf eine Weise wirkst, die ich nicht sehen kann. Amen.

 ZUR VERTIEFUNG

RÖMER 8,18–30
Paulus schreibt über gegenwärtiges Leiden und künftige Herrlichkeit.

64 Ich bin Gottes reicher Schatz

Er öffne euch die Augen, damit ihr seht,
wozu ihr berufen seid, worauf ihr hoffen könnt
und welches unvorstellbar reiche Erbe
auf alle wartet, die zu Gott gehören.

EPHESER 1,18

Wie gut kennen Sie sich mit Testamenten, Stiftungen und Erbbesitz aus?

Vielleicht antworten Sie jetzt: „Überhaupt nicht. Ich habe nicht viel Geld. Deshalb habe ich nicht viel zu vererben." Aber eines müssen Sie über das Erben wissen:

In den ersten Versen des Epheserbriefes schwärmt der Apostel Paulus von dem großen geistlichen Reichtum, den wir bekommen, wenn wir in Christus sind. Am Ende des ersten Kapitels gehen seine Worte in ein Gebet über und Paulus spricht davon, „welches unvorstellbar reiche Erbe auf alle wartet, die zu Gott gehören."

Lesen Sie das noch einmal. Wir – nicht Goldmünzen oder wertvolle Aktien oder teure Immobilien – sind der große Reichtum, auf den sich Gott am meisten freut! Jetzt wissen Sie, warum Gott im Alten Testament über sein Volk sagte: „Dann werdet ihr mir mehr bedeuten als alle anderen Völker" (2. Mose 19,5).

Wir freuen uns darauf, Gott eines Tages von Angesicht zu Angesicht zu sehen, und er freut sich darauf, uns als sein kostbares Erbe in Besitz zu nehmen!

 ## PERSÖNLICHE FRAGEN

Die ganze Schöpfung ist Gottes Eigentum, aber er betrachtet uns als Schatz. Was sagt das darüber aus, wie wir unsere Prioritäten setzen sollten? Wer oder was ist Ihr Schatz?

 ## GEBET

Gott, ich verstehe nicht, warum du mich als wertvoll und kostbar betrachtest, aber ich bin dir so dankbar dafür. Amen.

 ## ZUR VERTIEFUNG

OFFENBARUNG 4
Der Apostel Johannes schildert, was er sah, als er einen Blick in den Himmel werfen durfte.

65 Ich bin mit Christus gekreuzigt

Letztlich geht es doch darum: Unser früheres
Leben endete mit Christus am Kreuz. Unser von
der Sünde beherrschtes Wesen ist damit vernichtet,
und wir müssen nicht länger der Sünde dienen.

RÖMER 6,6

Augen und Ohren auf, volle Konzentration! Diese Sätze sind sehr wichtig.

Paulus sagt hier, wenn Sie an Jesus Christus glauben, wurde der geistlich gleichgültige, verlorene, rebellische Mensch, der Sie früher waren, mit Christus am Kreuz getötet.

Lassen Sie das einen Moment auf sich wirken. Hier steht, dass Sie in einer geistlichen – aber doch sehr realen – Weise bei Christus waren, als er am Kreuz hing. Als er gekreuzigt wurde, wurde Ihr altes Ich auch gekreuzigt. Als Jesus seinen letzten Atemzug machte, endete Ihr früheres Leben.

Das heißt, der Mensch, der Sie waren, bevor Sie Jesus angenommen haben, ist gestorben und tot. Diese Person gibt es nicht mehr. Das ist eine wunderbare Nachricht. Damit neues Leben kommen kann, musste Ihr altes Leben beseitigt werden.

Der Tod ist normalerweise ein trauriges Erlebnis, aber der Tod unseres alten Menschen ist ein Grund zum Feiern!

 PERSÖNLICHE FRAGEN

Gibt es Bereiche Ihres alten Ichs, an denen Sie noch festhalten, auch wenn Sie nicht gut für Sie sind?

 GEBET

Jesus, hilf mir, dass ich immer tiefer verstehe, welches Wunder es ist, in dir zu sein. Amen.

ZUR VERTIEFUNG

PHILIPPER 3,7–14
Paulus spricht von seinem Wunsch, Jesus zu kennen und wie er zu sein, selbst in seinem Tod.

66   Ich bin tot für die Sünde

Das gilt genauso für euch, und daran müsst
ihr festhalten: Ihr seid tot für die Sünde
und lebt nun für Gott, der euch durch
Jesus Christus das neue Leben gegeben hat.

RÖMER 6,11

In seiner Abschiedsrede scherzt der Bruder der Verstorbenen, dass seine Schwester schokoladensüchtig gewesen sei. „Wenn es innerhalb von hundert Metern Schokolade gab, hat Anna sie gerochen und einen Weg gefunden, sie zu bekommen!" Alle lachen. Es stimmt, so sehr sie auch versucht hat, diesen Drang zu unterdrücken, konnte Anna nie widerstehen, wenn es um Schokolade ging.

Auf dem Weg zum Friedhof zieht der Trauerzug an Annas Lieblingskonditorei vorbei. Plötzlich wird allen bewusst: *Jetzt hat Anna keinen Appetit mehr auf Schokolade.*

Das steht hinter Paulus' Gedanken, wenn er sagt, dass wir für die Sünde tot sind. Da wir mit Christus gekreuzigt sind (siehe Andacht 65), ist unser altes Ich tot. Je mehr wir das als wahr erkennen, umso weniger interessieren uns die Verlockungen, die früher unser Leben beherrscht haben.

Wenn die Versuchung ruft, antworten wir: „Tut mir leid, aber die Person, die du suchst, ist nicht mehr da."

PERSÖNLICHE FRAGEN

Wenn wir für die Sünde tot sind, warum sündigen wir
dann weiter?

 ## GEBET

Herr, lehre mich zu erkennen, dass ich für die Sünde tot,
aber für dich lebendig bin. Amen.

ZUR VERTIEFUNG

RÖMER 7,4–6
Paulus schreibt, dass wir für das Gesetz gestorben und
deshalb in Christus frei sind, um zu dienen.

67 Ich bin befreit

Er hat uns aus der Gewalt der Finsternis befreit,
und nun leben wir unter der Herrschaft
seines geliebten Sohnes Jesus Christus.

KOLOSSER 1,13

2009 verschwand ein amerikanischer Soldat, Bowe Bergdahl, von seinem Posten in Afghanistan. Die Reaktion des US-Militärs erfolgte sofort: Flugzeuge starteten, Rettungsteams wurden losgeschickt. Jedes verfügbare Mittel wurde eingesetzt und keine Kosten wurden gescheut, um einen einzigen vermissten Soldaten zu finden.

Später stellte sich heraus, dass Bergdahl desertiert war und von den Taliban gefangen genommen wurde. Er wurde oft in einem Käfig in völliger Dunkelheit eingesperrt, aber die US-Regierung arbeitete unermüdlich und bot ein Lösegeld und schließlich einen Gefangenenaustausch an, bis 2014 seine Freilassung erwirkt wurde.

Das ist ein eindrückliches Beispiel für das Evangelium! Als sich die Menschheit von Gott abwandte, startete er sofort einen gigantischen Rettungsplan, dessen Höhepunkt darin bestand, dass er seinen geliebten Sohn sandte. Das Ergebnis? Dank seiner Gnade erleben wir Befreiung, wenn wir an Jesus glauben.

Gott hat uns aus der Dunkelheit und der Herrschaft des Bösen befreit; wir befinden uns jetzt im Licht und unter der Herrschaft von Gottes geliebtem Sohn, Jesus.

 PERSÖNLICHE FRAGEN

Erstellen Sie eine Liste mit den Dingen, von denen Jesus Sie befreit hat.

 GEBET

Gott, danke, dass du keine Kosten und Mühen gescheut hast, um mich zu suchen und zu befreien. Amen.

ZUR VERTIEFUNG

RÖMER 7,21–25
Paulus schreibt, wie herrlich es ist, von der Sünde befreit zu sein.

68 Ich bin ein Erbe der ganzen Schöpfung

*Als seine Kinder aber sind wir – gemeinsam
mit Christus – auch seine Erben. Und leiden
wir jetzt mit Christus, werden wir einmal
auch seine Herrlichkeit mit ihm teilen.*

RÖMER 8,17

Vom Bettler zum Millionär: Ein reiches, kinderloses Ehepaar adoptiert ein Waisenkind aus einem Land der Dritten Welt. Plötzlich lebt das Kind in Luxus und ist Erbe eines millionenschweren Vermögens!

Wir freuen uns für das Kind, wünschen aber vielleicht wehmütig, wir wären auch Erben von reichen Verwandten. Wissen Sie was? Sie sind ein solcher Erbe!

In der Bibel steht nicht nur, dass Gott Menschen, die an ihn glauben, rettet, ihnen vergibt und sie adoptiert. Er macht uns auch zu seinen Erben! Das heißt, wenn Sie durch den Glauben ein Kind Gottes sind, werden Sie in seinem Testament als Miterbe aufgeführt. Der herrliche Reichtum, der uns im künftigen Leben erwartet, übertrifft alles, was wir uns vorstellen können.

Was sind schon ein paar Milliarden Dollar hier und jetzt, wenn uns der unermessliche Reichtum Gottes selbst erwartet?

? PERSÖNLICHE FRAGEN

Warum will Gott, dass wir uns auf der Erde auf nicht-
materielle Dinge konzentrieren, obwohl wir im Himmel
einen unbeschreiblichen Reichtum erben werden?

GEBET

Himmlischer Vater, was für ein Segen! Wie gut und gnädig
bist du, dass du mich zu deinem Erben machst! Amen.

ZUR VERTIEFUNG

MATTHÄUS 5,12; JAKOBUS 1,12;
1. PETRUS 5,4; OFFENBARUNG 4,10–11
Wenn wir im Himmel belohnt werden, legen wir unsere
Krone vor Jesu Füßen ab.

69 Ich bin ein Soldat

Als ein guter Kämpfer im Dienst von Jesus Christus
musst du so wie ich bereit sein, auch für ihn zu
leiden. Kein Soldat, der in den Krieg zieht, darf sich
von alltäglichen Dingen ablenken lassen, wenn
sein Befehlshaber mit ihm zufrieden sein soll.

2. TIMOTHEUS 2,3–4

Von den ganzen Identitäten, die Christen haben, stoßen wir uns wahrscheinlich am meisten daran, dass wir als Christen Soldaten sind.

Wir kennen die brutalen Bilder aus Kriegsgebieten. William T. Sherman hatte recht, als er sagte: „Krieg ist die Hölle."

Kämpfen? Leiden? Wir wollen es uns lieber gut gehen lassen und nett sein. Aber laut der Bibel können wir uns diesen Luxus nicht leisten. Geistlich gesehen leben wir in einer Welt, die sich im Kriegszustand befindet.

An einer anderen Stelle erinnert uns Paulus:

Denn wir kämpfen nicht gegen Menschen,
sondern gegen Mächte und Gewalten des Bösen,
die über diese gottlose Welt herrschen und
im Unsichtbaren ihr unheilvolles Wesen treiben.

(EPHESER 6,12)

Es ist also nicht nötig, in den sozialen Medien feindliche Atheisten oder säkulare Tendenzen anzugreifen. Vielmehr sollten wir uns bewaffnen (Epheser 6,13–18) und die starke Waffe des Gebets einsetzen, um himmlische Verstärkung anzufordern. Unsere zerstörte Welt braucht einen Dauerbeschuss mit Gottes Gnade und Wahrheit.

PERSÖNLICHE FRAGEN

Wie können Sie sich am besten für einen Kampf „gegen Mächte und Gewalten des Bösen, die über diese gottlose Welt herrschen", rüsten?

GEBET

Vater, gib mir die Liebe und den Mut, ein guter Kämpfer im Dienst von Jesus Christus zu sein. Amen.

ZUR VERTIEFUNG

EPHESER 6,10–20
Paulus beschreibt, was es heißt, Gottes ganze Waffenrüstung anzulegen.

70 Ich bin sicher

Gott selbst hat unser und euer Leben auf ein festes
Fundament gestellt, auf Christus, und uns mit
seinem Geist erfüllt. So drückte er uns sein Siegel auf,
wir sind sein Eigentum geworden. Das Geschenk des
Geistes in unseren Herzen ist Gottes sicheres Pfand
für das, was er uns noch schenken wird.

2. KORINTHER 1,21–22

Wenn Sie die neuesten Schlagzeilen im Internet lesen, werden Sie unbewusst den Kopf hängen lassen. Krankheiten, Katastrophen, abartiges Verhalten, Weltuntergangsvorhersagen – was für eine Welt! Vielleicht fragen Sie sich, ob Sie das überleben werden.

Ja, sagt Paulus in diesem ermutigenden Brief an die Korinther. Gott hat Sie auf ein festes Fundament gestellt. Wie kann Paulus da so sicher sein? Weil Gott jeden Christen mit seinem Geist erfüllt hat und uns sein Siegel aufgedrückt hat.

In der Antike dienten Siegel zwei Zwecken:
- Sie waren Identifizierungsmerkmale, die die Eigentumsverhältnisse klarstellten.
- Sie boten Schutz (sie sorgten für eine sichere Lieferung).

Selbstverständlich sind wir in dieser verrückten Welt nicht gegen alle körperlichen und emotionalen Schmerzen immun. Wir bleiben vor Schwierigkeiten und Verletzungen nicht verschont, aber Gott hat versprochen, uns nach Hause zu bringen.

Nichts kann Gottes ewigen Plan für Sie aufhalten.

 ## PERSÖNLICHE FRAGEN

Fühlen Sie sich trotz der Gefahren in dieser Welt sicher? Warum oder warum nicht?

 ## GEBET

Heiliger Geist, erfülle mich, führe mich und gib mir ein neues Vertrauen, dass ich in einer gefährlichen Welt sicher stehen kann. Amen.

 ## ZUR VERTIEFUNG

PSALM 121,3–8
Der Psalmist freut sich, dass Gott seinen Fuß nicht stolpern lässt.

Ich bin ein Schaf in Gottes Herde

*Erkennt, dass der HERR allein Gott ist! Er hat
uns geschaffen, wir gehören ihm! Wir sind sein Volk,
das er umsorgt wie ein Hirte seine Herde.*

PSALM 100,3

Warum vergleicht die Bibel das Volk Gottes so oft mit Schafen?

Dafür gibt es mindestens drei Gründe:

1. Schafe waren in der antiken Welt wegen ihrer Wolle, ihrer Milch und ihres Fleisches sehr wertvoll.
2. Schafe sind sprunghafte, verwundbare Geschöpfe, die, wenn sie sich selbst überlassen sind, oft direkt in die Gefahr hineinlaufen. Es ist schon vorgekommen, dass sie nacheinander einen Abgrund hinabgestürzt sind!
3. Gott ist der Hirte über allem. Er ist immer wachsam, er beschützt seine Herde leidenschaftlich, und er tut alles, um seine Herde zu führen und zu versorgen.

Jesus liebte diese Gleichnisse von den Schafen:

- Er erzählte von einem Hirten, der seine 99 Schafe zurücklässt, um das eine Schaf zu suchen, das sich verlaufen hat (Lukas 15,4).

- Am Ende erfüllte er seine eigenen Worte: „Ich bin der guter Hirte. Ein guter Hirte setzt sein Leben für die Schafe ein" (Johannes 10,11).

Seien Sie getrost. Ein Hirte, der sein Leben gab, um Ihr Leben zu retten, passt auf Sie auf. Er führt Sie und er versorgt Sie!

 ## PERSÖNLICHE FRAGEN

Nicht viele Menschen wollen mit einem Schaf verglichen werden. Was haben Sie durch diesen Vergleich über sich selbst gelernt?

 ## GEBET

Herr Jesus, danke, dass du mein guter Hirte bist. Hilf mir heute, dir zu folgen und mich nicht zu verlaufen. Amen.

 ## ZUR VERTIEFUNG

PSALM 23
König David erklärt, warum es gut ist, zu Gottes Schafen zu gehören.

72 Ich bin für die Welt wie Salz

Ihr seid für die Welt wie Salz. Wenn das Salz aber fade geworden ist, wodurch soll es seine Würzkraft wiedergewinnen? Es ist nutzlos geworden, man schüttet es weg, und die Leute treten darauf herum.

MATTHÄUS 5,13

Salz war früher ein wertvoller Rohstoff.

- Salz wurde benutzt, um Fleisch und Fische zu würzen und haltbar zu machen.
- Manchmal wurden Soldaten mit Salz bezahlt.
- Salz macht durstig, wie jeder weiß, der gern Kartoffelchips isst.

Wahrscheinlich dachte Jesus an eine oder mehrere dieser Eigenschaften des Salzes, als er seinen Nachfolgern sagte: „Ihr seid für die Welt wie Salz."

Wenn wir Christen uns diese Tatsache zu Herzen nehmen und entsprechend leben,

- können wir in anderen Menschen wirklich einen Durst nach Gott wecken,
- können wir das Leben besser, schmackhafter machen,
- können wir verhindern, dass die Kultur einer Familie,

einer Schule, eines Büros, einer Nachbarschaft, einer Mannschaft etc. verkommt.

Gott will, dass sein Volk im besten Sinn des Wortes salzig ist!

 ## PERSÖNLICHE FRAGEN

Inwiefern verhalten Sie sich als geistliches Salz in Ihrer Familie? An Ihrem Arbeitsplatz? In Ihrer Gemeinde?

 ## GEBET

Jesus, bewahre mich davor, meine salzige Wirkung zu verlieren. Hilf mir, für dich etwas Ewiges zu bewirken. Amen.

 ## ZUR VERTIEFUNG

MATTHÄUS 5,13–16
Jesus bezeichnet seine Nachfolger als Salz und Licht.

73 | Ich bin heilig

An die Gemeinde Gottes, die in Korinth ist,
den Geheiligten in Christus Jesus, den berufenen
Heiligen, samt allen, die an jedem Ort
den Namen unseres Herrn Jesus Christus
anrufen, ihres und unseres Herrn.

1. KORINTHER 1,2 (ELB)

Wenn wir „Heilige" hören, denken wir an geistliche Super-helden – Missionare, Mönche, Nonnen und andere fromme Christen, die *immer* einen außergewöhnlichen Glauben haben und *nie* ein schlimmes Wort sagen, nicht einmal dann, wenn jemand ihren Finger in die Autotür einklemmt.

Dieses Denken ist falsch. Heilig zu sein, bedeutet nicht, dass wir eine besondere Gattung von Christen wären. Wir sind nicht die Sondereinheit des Glaubens. Laut der Bibel sind alle Christen in Gottes Augen heilig, und zwar schon jetzt.

Wir sind nicht heilig, weil wir irgendetwas getan hätten, sondern weil Jesus unsere Sünde weggenommen und uns seine Gerechtigkeit gegeben hat.

Da wir Heilige *sind*, sollten wir wie Heilige *leben*.

 ## PERSÖNLICHE FRAGEN

An wen denken Sie, wenn Sie an einen heiligen Menschen denken? Stimmt dieses Bild mit dem Bild überein, das Sie von sich selbst haben?

 ## GEBET

Herr, hilf mir heute, dass das, was ich tatsächlich bin, mit dem, wie ich handle, übereinstimmt. Amen.

 ## ZUR VERTIEFUNG

KOLOSSER 1,9–14
Paulus betet für Gottes Heilige.

DIE VERWANDLUNG

Werden,
wer wir sind

74

Ich bin in Christus – aber ich fühle nichts davon

*Unser Leben auf dieser Erde ist dadurch
bestimmt, dass wir an ihn glauben,
und nicht, dass wir ihn sehen.*

2. KORINTHER 5,7

Wir lesen, was die Bibel über uns sagt. Wir sind:

- von Gott geliebt,
- ein Sünder, dem vergeben ist,
- adoptiert,
- ein Bürger des Himmels,
- Gottes Werk,
- ein Freund von Jesus.

Wir lesen Bücher, in denen diese Fakten erklärt werden. Wir gehen in den Gottesdienst und hören zu, wie der Pastor über diese Aussagen der Bibel predigt.

Seien Sie ehrlich! Denken Sie manchmal: „Das alles klingt wirklich gut, aber ich fühle nichts"?

Hier liegt einer der größten Kämpfe des geistlichen Lebens: Wollen wir nach unseren Gefühlen leben, danach, was sich richtig anfühlt oder richtig erscheint? Oder wollen wir nach dem leben, was Gott sagt? Gefühle oder Glauben? Darauf läuft es hinaus.

In seinem Brief an die Gemeinde in Korinth erinnerte der Apostel Paulus die Menschen daran, dass das, was wahr *ist*, und das, was wahr *erscheint*, oft zwei völlig verschiedene Dinge sind.

Tun Sie heute – und jeden Tag – folgende drei Dinge:

1. Glauben Sie, dass das, was Gott sagt, wahr ist.
2. Zweifeln Sie an Ihren Zweifeln.
3. Glauben Sie Ihrem Glauben.

PERSÖNLICHE FRAGEN

Am Anfang dieser Andacht steht eine Liste mit sechs Beschreibungen für Christen. Mit welcher Beschreibung identifizieren Sie sich am meisten? Mit welcher identifizieren Sie sich am wenigsten?

GEBET

Vater, schenke mir die Gnade und den Mut, dir vollständig zu vertrauen, auch – und besonders – dann, wenn ich dich nicht deutlich sehen kann. Amen.

ZUR VERTIEFUNG

JOHANNES 20,24–29
Johannes schildert, wie Jesus einem zweifelnden Jünger erscheint.

75 Ich bin ausgerüstet

Damit der Mensch Gottes richtig sei,
für jedes gute Werk ausgerüstet.

2. TIMOTHEUS 3,17 (ELB)

Vielleicht haben Sie schon von dem *Race Across America* (Radrennen quer durch Amerika) gehört? Jedes Jahr tritt eine Gruppe mutiger (einige sagen verrückter) Radfahrer über 20 Stunden am Tag in die Pedale, um in einer Woche knapp 5000 km zurückzulegen. Wie machen sie das?

Sie können dieses Rennen nur schaffen, weil jeder Radfahrer ein Begleitfahrzeug hat, das mit allem ausgestattet ist, was er möglicherweise brauchen könnte:

- Vorräte
- Medikamente
- Ersatzteile
- Essen und Trinken
- Ersatzfahrräder

Daneben hat er ein Team aus Experten und Trainern, die Fahrräder reparieren, Muskeln massieren, nahrhafte Mahlzeiten zubereiten und den Fahrer motivieren können.

Genau das hat der Apostel Paulus gemeint, als er sagte, dass Christen ausgerüstet sein müssen. Dasselbe Wort wurde verwendet, wenn von einem Wagen die Rede war, der für eine lange Reise ausgestattet wurde, oder von einem Rettungsboot, das mit allen denkbaren Dingen ausgerüstet wurde, die nötig waren, um einen zeitaufwendigen Einsatz zu bestreiten.

Mit seinem Wort hat uns Gott die Weisheit und Ermahnungen, die Erinnerungen und Erkenntnisse gegeben, die wir brauchen, um seinen Auftrag zu erfüllen.

PERSÖNLICHE FRAGEN

Wozu hat Gott Sie ausgerüstet? Welche Veränderungen in Ihrem Leben deuten darauf hin, dass er Sie vielleicht für eine neue Herausforderung ausrüstet?

GEBET

Gott, danke, dass du mich mit allem ausrüstest, was ich brauche, um den Lauf zu beenden und den Glauben zu bewahren. Amen.

ZUR VERTIEFUNG

2. TIMOTHEUS 2,20–25
Paulus beschreibt, welche Art von Menschen Gott gebraucht.

76) Ich bin im Wachstum

Wie ein neugeborenes Kind nach Milch schreit,
so sollt ihr nach der unverfälschten Lehre
unseres Glaubens verlangen. Dann werdet
ihr im Glauben wachsen und das Ziel,
eure endgültige Rettung, erreichen.

1. PETRUS 2,2

Er mag zwar der Sohn eines Königs sein, aber er benimmt sich definitiv nicht sehr königlich:

- Er schreit erbost, wenn es nicht nach seinem Willen geht.
- Er bohrt in der Nase.
- Er schläft bei wichtigen Anlässen ein.

Wie peinlich! Wie kann sich jemand von königlichem Blut so verhalten?

Natürlich dürfen wir nicht vergessen, dass der kleine Prinz erst drei Jahre alt ist! Auch wenn in seinen Adern königliches Blut fließt, muss er erst reif werden. Viel Übung und Zeit sind nötig, bis er in seine wahre Identität hineinwächst.

Auf geistlichem Gebiet ist es ganz genauso. Durch das Wunder der Neugeburt sind wir Mitglieder von Gottes königlicher Familie. Wir sind wirklich die Kinder des großen

Königs des Universums. Aber genauso wie Neugeborene essen, gehen, sprechen, denken etc. lernen müssen, müssen auch geistliche Säuglinge vieles lernen.

Seien Sie gegenüber unreifen Christen nicht zu hart, die in ihrem Glauben nur langsam wachsen. Haben Sie auch mit sich selbst Geduld. Wachstum benötigt Zeit.

 ## PERSÖNLICHE FRAGEN

Betrachten Sie sich als Baby im Glauben? Als Teenager? Als Erwachsener? Als Senior? Falls Sie im Glauben ein Senior sind, heißt das, dass Sie Ihr Wachstum abgeschlossen haben?

 ## GEBET

Herr, schenke, dass ich in dir stark werde, während ich mich mit deinem Wort ernähre. Amen.

ZUR VERTIEFUNG

1. KORINTHER 3,1–3; HEBRÄER 5,11–14
Diese zwei Bibelstellen befassen sich mit der geistlichen Ernährung, die für geistliches Wachstum nötig ist.

77 Ich bin in Gottes Zeitplan

Er ist wie ein Baum, gepflanzt an
Wasserbächen, der seine Frucht bringt zu
seiner Zeit, und dessen Laub nicht verwelkt;
alles was er tut, gelingt ihm.

PSALM 1,3 (ELB)

Da die Bibel von Menschen geschrieben wurde, die in land-
wirtschaftlichen Kulturen lebten, wird darin immer wieder
Bezug genommen auf Aussaat, Bodenbeschaffenheit und
Ernten.

Der Psalmist beschreibt einen Menschen, der sich an
Gottes Wort freut. Er vergleicht ihn mit einem ertragrei-
chen Baum, der am Flussufer steht. Das ist ein starker Gegensatz zu den Menschen, die im 4. Vers beschrieben werden. Da sie böswillig Gottes Wahrheit verschmähen, enden
sie wie trockene, leblose Spreu, die nach der Ernte vom
Wind weggeweht wird.

Dieses Gleichnis aus der Landwirtschaft deckt vieles
über das geistliche Leben auf. Beachten Sie die Worte: „der
seine Frucht bringt zu seiner Zeit." Das macht deutlich,
dass Wachstum nicht immer sofort sichtbar ist.

In bestimmten Monaten sind die Felder braun und ru-
hen. Die Bäume verlieren ihre Blätter und scheinen tot zu

sein. Natürlich sind sie nicht tot. Sie werden innerlich auf eine weitere fruchtbare Phase vorbereitet.

Haben Sie Geduld, wenn Sie kein Wachstum sehen. Die Frucht wird zu Gottes perfekter Zeit kommen.

 PERSÖNLICHE FRAGEN

Sehen Sie im Moment Zeichen für geistliches Wachstum und Fruchtbarkeit in Ihrem Leben? Welche konkreten Worte oder Bilder aus der heutigen Andacht ermutigen Sie, weiterhin durchzuhalten?

 GEBET

Gott, lass mich in der Wahrheit verwurzelt sein, wer ich in Christus bin, damit ich nach deinem Zeitplan Frucht für dich bringen kann. Amen.

 ZUR VERTIEFUNG

GALATER 5,16–25
Der Apostel Paulus erläutert die Früchte des Geistes.

78 Ich bin eine Baustelle

*Ich bin ganz sicher, dass Gott sein gutes Werk,
das er bei euch begonnen hat, zu Ende führen wird,
bis zu dem Tag, an dem Jesus Christus kommt.*

PHILIPPER 1,6

Sie liegen nachts im Bett und denken an Ihren Tag zurück:

- Sie erröten bei der Erinnerung, wie Sie mit einem Kollegen gesprochen haben.
- Sie schütteln enttäuscht den Kopf, weil Sie, nachdem Sie so leidenschaftlich für Mut gebetet haben, gekniffen haben und einem Freund etwas nicht gesagt haben, das Sie ihm hätten sagen müssen.
- Sie bereuen, dass Sie einer Sünde erlegen sind, von der Sie gedacht hatten, Sie hätten sie schon vor Jahren überwunden.

Eine Frage drängt sich auf: Machen Sie in Ihrem geistlichen Leben überhaupt irgendwelche Fortschritte?

Verzweifeln Sie nicht! Sie befinden sich noch in der Entwicklung. Gott lässt Ihnen Zeit, geistlich zu reifen. Christus ähnlich zu werden, ist ein riesiges Projekt, das Ihr ganzes Leben lang andauern wird.

Es gibt Zeiten des Wachstums und Zeiten, in denen Sie

scheinbar Rückschritte machen. Aber auch wenn Sie unbeständig sind, ist Gott treu. Auch wenn Sie schlechte Tage haben – Gott hat nie einen schlechten Tag. Seine Gnade genügt. Seine Macht ist jederzeit verfügbar.

Alles, was schön und kostbar ist – seien es Eichen, Diamanten oder Menschen –, braucht viel Zeit, bis es fertig ist.

 ## PERSÖNLICHE FRAGEN

In welchen Bereichen erleben Sie geistliches Wachstum? In welchen Bereichen würden Sie gern mehr Wachstum sehen?

 ## GEBET

Gott, hilf mir, dass ich mein langsames Wachstum durch die Augen deiner Liebe und deiner Geduld sehen kann. Amen.

 ## ZUR VERTIEFUNG

HEBRÄER 6,1–12
Gott zeigt, was es bedeutet, an geistlicher Reife zu wachsen.

Ich bin ein Blinder,
der sehen lernen muss

Dann werden die Augen der Blinden geöffnet,
und die Tauben können auf einmal hören.

JESAJA 35,5

Erinnern Sie sich noch an Stereogramme? „Das magische Auge" war eine beliebte Version. Der Trick dabei ist, ein zweidimensionales Muster so lange anzuschauen, bis man irgendwann anfängt, ein dreidimensionales Bild darin zu sehen.

Oft ist es mit der biblischen Wahrheit genauso. Unser Blick konzentriert sich auf einen Bibelvers. Wir sehen die Wörter, aber die tiefere Wahrheit in und hinter ihnen entgeht uns. Es ist, als würden wir die Wahrheit nicht einmal bemerken. Wir sehen, aber wir sehen nicht sehr deutlich. Vielleicht sehen wir auch überhaupt nicht!

Jesaja schreibt, dass Gott die Macht hat, die Augen der Blinden zu öffnen und die Ohren der Tauben hörend zu machen. Ohne Licht und Hilfe von oben – ohne die Klarheit, die der Heilige Geist gibt – werden wir all die biblischen Aussagen über unsere Identität nicht wirklich sehen.

In den Evangelien hat Jesus einmal einen Blinden geheilt, aber nicht sofort vollständig (Markus 8,22–26). Zuerst sah der Mann nur ziemlich verschwommen. Jesus musste ihn noch einmal berühren, damit er alles klar sehen konnte.

In unserem geistlichen Leben können wir nicht richtig denken oder handeln, solange wir nicht klar sehen.

 ## PERSÖNLICHE FRAGEN

Wie können wir herausfinden, was wir nicht wissen? Ist es notwendig, die Lücken in unserem Wissen zu erkennen und zu füllen, oder genügt es, zu akzeptieren, dass wir nicht alles vollständig verstehen?

 ## GEBET

O Herr, erleuchte die Augen meines Herzens. Rühre mich an, bis ich klar sehe. Amen.

 ## ZUR VERTIEFUNG

1. KORINTHER 13,9–12
Paulus ermutigt Christen mit der Wahrheit, die wir jetzt nur zum Teil erkennen können. Aber die Zeit wird kommen, wenn wir alles vollständig erkennen werden!

80 Ich bin in den guten Händen eines souveränen Gottes

Viele Jahre später starb der König von Ägypten.
Aber die Israeliten stöhnten weiter unter der
Zwangsarbeit und schrien verzweifelt um Hilfe.
Gott war das alles nicht entgangen ... Mose
hütete damals die Schafe und Ziegen seines
Schwiegervaters Jitro, des Priesters von Midian ...
und kam zum Horeb, dem Berg Gottes.

2. MOSE 2,23; 3,1

Gott hatte den Israeliten ein wunderbares Leben in Kanaan zugesagt. Warum mussten sie dann die brutale Sklaverei in Ägypten erleiden? Obwohl sie verzweifelt zu Gott riefen, war keine Befreiung in Sicht.

Die entscheidenden zwei Wörter hier sind „in Sicht". Was die Israeliten nicht sehen konnten und nicht wussten: Gott handelte. Während sie in Ägypten beteten, sprach Gott Mose in Midian an und machte ihn zur Erhörung ihrer Gebete.

Was für eine schöne Ermutigung! Jeden Moment *handelt* Gott und initiiert unzählige Dinge. Hier und da lässt er uns einen kurzen Moment sehen, was er vorhat. Meistens haben wir aber keine Ahnung.

Mit den weisen Worten des Autors und Predigers

Charles Spurgeon ausgedrückt: „Gott ist zu gut, um unfreundlich zu sein, und er ist zu weise, um sich zu irren. Wenn wir seine Hand nicht erkennen, müssen wir seinem Herzen vertrauen."

 ## PERSÖNLICHE FRAGEN

Fällt es Ihnen schwer, Gott inmitten Ihrer Probleme zu sehen? Denken Sie an Zeiten in der Vergangenheit, als es Ihnen genauso ging. Können Sie rückblickend sehen, wie Gott Ereignisse zu seinen Zwecken – und zu Ihrem Besten – gelenkt hat?

 ## GEBET

Allmächtiger Herr, da du gut bist, weiß ich, dass alles gut werden wird, auch wenn ich nicht sehen kann, was du tust. Amen.

 ## ZUR VERTIEFUNG

1. MOSE 22,1–19
Der Verfasser des Buches 1. Mose schildert Abrahams radikales Vertrauen zu Gott.

81 Ich bin berufen, meinen Teil zu erfüllen

Was schließen wir daraus, liebe Freunde? Ihr habt immer befolgt, was ich euch weitergegeben habe. Hört aber nicht nur auf mich, wenn ich bei euch bin, sondern erst recht während meiner Abwesenheit. Arbeitet mit Furcht und Zittern an eurer Rettung. Und doch ist es Gott allein, der beides in euch bewirkt: Er schenkt euch den Willen und die Kraft, ihn auch so auszuführen, wie es ihm gefällt.

PHILIPPER 2,12–13

Einige Christen sind geistlich passiv. Es ist, als würden sie darauf warten, dass Gott ihnen Heiligkeit einflößt. Andere Christen engagieren sich hektisch in geistlichen Aktivitäten, als wäre das Wachstum allein von ihnen abhängig. Wer ist verantwortlich, Gott oder wir?

Die Antwort des Apostels Paulus lautet: Beide. Er fordert die Gläubigen auf: Arbeitet *an* eurer Rettung, nicht *für* eure Rettung. Wir können uns unsere Rettung nicht durch Werke verdienen, aber wir müssen arbeiten, ringen und uns anstrengen, um das Evangelium zu verstehen und richtig danach zu leben. Dann erinnert uns Paulus, dass wir unser Leben letztendlich nur ändern können, wenn Gott in uns wirkt.

Der Herr ist der Anfänger und Vollender unseres Glaubens. Aber wir spielen dabei auch eine entscheidende Rolle. Gott übernimmt die Aufgabe, geduldig anzuregen, zu offenbaren, zu bevollmächtigen, zu ermutigen und zu verwandeln. Unsere Aufgabe ist es, durch geistliche Disziplinen wie Gebet nahe zu Gott zu kommen und ihm mit Glauben und Gehorsam zu antworten.

 ## PERSÖNLICHE FRAGEN

Erfüllen Sie Ihren Teil bei der Verwirklichung von Gottes guten Absichten für Sie? Für Ihre Familie? Für Ihre Kirchengemeinde und Ihre Stadt?

 ## GEBET

Herr, danke, dass du in mir arbeitest, während ich mit dir gehe. Amen.

 ## ZUR VERTIEFUNG

2. JOHANNES 1,1–6
Der „Apostel, den Jesus lieb hatte", Johannes, ermutigt die Christen, Gott zu lieben und ihm zu gehorchen.

82 Ich bin ein Übender

Gib dich nicht mit den lächerlichen Legenden ab,
mit denen sich diese leichtfertigen Leute
beschäftigen, sondern übe dich darin,
ein Leben nach Gottes Willen zu führen.

1. TIMOTHEUS 4,7

Der Apostel Paulus fordert seinen jungen Schüler Timotheus, der Gemeindeleiter in Ephesus war, in seinem Brief auf: „Übe dich darin, ein Leben nach Gottes Willen zu führen."

Wussten Sie, dass von dem griechischen Verb, das mit „übe dich darin" übersetzt wird, das deutsche Wort *Gymnastik* abstammt? Paulus sagt damit im Grunde: „Hey, Timotheus, du musst anfangen, dich geistlich fit zu machen! Du musst Übungen machen, die deine Seele stärken und dein Leben nach Gottes Willen ausrichten!"

Er spricht von *geistlichen Disziplinen*. Eine geistliche Disziplin ist eine regelmäßige Aktivität, die uns in Gottes verwandelnde Gegenwart bringt:

- Stille
- Gebet
- Bibellesen
- Auswendiglernen von Bibelstellen

- Nächstenliebe
- Anbetung
- Beichte

Wir praktizieren diese heiligen Gewohnheiten nicht, um bei Gott Fleißpunkte zu sammeln, sondern um unser Herz zu trainieren, damit wir aufmerksamer für Gott werden und uns weniger von der Welt beeinflussen lassen.

Sich zu erinnern, wer Sie in Christus sind, ist eine wichtige Übung in Ihrem geistlichen Trainingsplan.

 PERSÖNLICHE FRAGEN

Welche der oben aufgeführten geistlichen Disziplinen sind Teil Ihres regelmäßigen geistlichen Trainings? Welche nicht?

GEBET

Herr Jesus, bewahre mich vor der Falle, geistliche Disziplinen als ein Muss zu sehen. Lass mich sie als Chance sehen, als großartige Möglichkeit, dir näher zu kommen und verwandelt zu werden. Amen.

ZUR VERTIEFUNG

1. KORINTHER 9,24–27
Paulus ermutigt Christen, den Wettkampf des Glaubens zu bestreiten.

83 Ich bin bereit, meine Einstellung zu ändern

Jetzt ist die Zeit gekommen, Gottes
Reich ist nahe. Kehrt um zu Gott
und glaubt an die rettende Botschaft!

MARKUS 1,15

Das erste Gebot, das Jesus im Markusevangelium gibt, lautet: „Kehrt um zu Gott und glaubt an die rettende Botschaft!"

Das griechische Wort *metanoeo*, das mit *umkehren* übersetzt wird, bedeutet wörtlich *seine Meinung ändern*. Wenn wir die hebräische Bedeutung von „umkehren" dazunehmen, vervollständigt sich das Bild: Es geht darum, einen neuen, klaren Blick zu bekommen, der dazu führt, dass man anfängt, sich in eine bessere Richtung zu bewegen.

Wenn wir umkehren, erkennen wir, dass Jesus der *ist*, der er behauptet zu sein: der Sohn Gottes, der Retter der Welt, der Herr des Universums. Wenn wir diese Wahrheit annehmen, kehren wir um. Wir setzen unser Vertrauen auf Jesus und folgen ihm.

Umkehr und Glauben steht nicht nur am Anfang eines Lebens als Christ. Umkehr und Glauben bestimmen auch den Rest des Lebens eines Christen – Umkehr ist also nicht nur der Anfang des christlichen Lebens, sondern sie ist das christliche Leben, wie es der große Reformator Johannes Calvin ausdrückte.

Um zu begreifen, wer wir in Christus wirklich sind, ist es nötig, dass wir immer wieder umkehren und Gott vertrauen.

 ## PERSÖNLICHE FRAGEN

Gibt es in Ihrem Leben einen Bereich, in dem Sie Ihre Einstellung ändern müssen?

 ## GEBET

O Gott, hilf mir, sowohl in der Umkehr als auch im Glauben zu wachsen. Amen.

 ## ZUR VERTIEFUNG

RÖMER 2,1–11
Paulus schreibt über Gottes gerechtes Gericht.

In bin in einem Erneuerungsprozess

Weil ihr Gottes reiche Barmherzigkeit erfahren habt,
fordere ich euch auf, liebe Brüder und Schwestern,
euch mit eurem ganzen Leben Gott zur Verfügung zu
stellen. Seid ein lebendiges Opfer, das Gott dargebracht
wird und ihm gefällt. Ihm auf diese Weise zu dienen
ist der wahre Gottesdienst und die angemessene
Antwort auf seine Liebe. Passt euch nicht den
Maßstäben dieser Welt an, sondern lasst euch von Gott
verändern, damit euer ganzes Denken neu ausgerichtet
wird. Nur dann könnt ihr beurteilen, was Gottes Wille ist,
was gut und vollkommen ist und was ihm gefällt.

RÖMER 12,1–2

Die ersten beiden Verse des 12. Kapitels des Römerbriefs sind wichtig, denn sie stehen zwischen elf Kapiteln, die erklären, was Gott für uns getan hat, und fünf Kapiteln, die erörtern, wie wir darauf reagieren sollen.

Welche wichtige Aussage steht in diesen zwei Übergangsversen? Um eine geistliche Veränderung zu erfahren, müssen wir zulassen, dass Gottes Wahrheit unser Denken erneuert.

Paulus erinnert uns hier daran, dass die Welt ständig versucht, uns ihr Denken aufzuzwingen, indem sie uns eine

Identität vorgaukelt, die dem, was Gott als wahr erklärt, widerspricht. Wenn wir diese weltlichen Lügen akzeptieren, werden wir ziellos durchs Leben taumeln und weiterhin auf unsere alte Weise leben. Aber wenn wir unablässig das annehmen, was wir nach Gottes Worten sind, können wir unsere Einstellung tatsächlich erneuern.

Wenn wir auf eine neue und wahre Weise leben, können wir das neue und wahre Leben in Jesus führen.

 PERSÖNLICHE FRAGEN

Was sagt die Welt über Sie? Sagt Gott in seinem Wort das Gleiche über Sie?

 GEBET

Herr, stärke meinen Wunsch, bereitwillig an deinem Plan, mein Leben zu verändern, mitzuwirken, indem ich mein Denken durch die Wahrheit erneuere. Amen.

ZUR VERTIEFUNG

TITUS 3,1–8
Paulus schreibt über die Rolle der Heiligen Schrift bei Gottes Erneuerungsplan für seine Kinder.

85 Ich bin fähig, richtig zu denken

Schließlich, meine lieben Brüder und Schwestern,
orientiert euch an dem, was wahrhaftig, vorbildlich
und gerecht, was redlich und liebenswert ist
und einen guten Ruf hat. Beschäftigt euch mit
den Dingen, die auch bei euren Mitmenschen
als Tugend gelten und Lob verdienen.

PHILIPPER 4,8

Über das meiste in unserem Leben haben wir keine Kontrolle:
- das Wetter,
- was andere hinter unserem Rücken über uns reden,
- wie mein Chef auf die schlechte Nachricht, die ich ihm sagen muss, reagieren wird,
- wie sich unsere Kinder verhalten, wenn wir sie nicht im Blick haben.

Einige Dinge *können* wir aber kontrollieren. Zum Beispiel können wir bestimmen, worauf wir unsere Gedanken richten (Kolosser 3,2; Jesaja 26,3). Wie Paulus im Philipperbrief darlegt, können wir uns angewöhnen, uns an dem zu orientieren, was wahrhaftig und gerecht ist.

Genau wie bei allen Gewohnheiten sind auch hier Sorgfalt und Ausdauer nötig, damit sie sich entwickeln. Aber mit Gottes Hilfe können wir lernen, bewusst zu entscheiden, womit sich unsere Gedanken beschäftigen! Wenn wir in Pessimismus, Unreinheit oder Falschheit abdriften, können wir diese Gedanken gefangen nehmen (2. Korinther 10,5) und sie durch erbauliche Aussagen ersetzen.

In Christus können wir uns jeden Moment entscheiden, unsere Gedanken auf das zu richten, was wahr und schön ist.

 PERSÖNLICHE FRAGEN

Beobachten Sie bei sich, dass Sie sich auf das Negative in Ihrem Leben konzentrieren? Welche praktischen Schritte wollen Sie heute gehen, um das zu ändern?

 GEBET

Herr, zeige mir, wie ich meine Gedanken nach deinem Willen in eine gute Richtung lenken kann. Amen.

ZUR VERTIEFUNG

KOLOSSER 3,1–4
Paulus fordert uns Christen auf, unser Herz und unser Denken auf Gottes Dinge auszurichten.

86 Ich bin ein Glaubender

Ihr habt Jesus Christus als euren Herrn angenommen;
nun lebt auch in der Gemeinschaft mit ihm.

KOLOSSER 2,6

Wir nehmen Christus durch den Glauben an (Johannes 1,12). Punkt. Das ist die einzige Möglichkeit, geistlich lebendig zu werden.

Wenn Paulus sagt: „Ihr habt Jesus Christus ... angenommen; nun lebt ... in ihm", meint er damit, dass wir durch den Glauben leben sollen. Wir sollen *Glaubende* sein. Wir sollen Gott vertrauen. Das ist unsere Hauptaufgabe im Leben.

Das ist, wie Sie inzwischen wahrscheinlich wissen, leichter gesagt als getan. Die Autorin Flannery O'Connor hat es so beschrieben: „Der Glaube kommt und geht. Er steigt und fällt wie die Wellen eines unsichtbaren Ozeans. Wenn es anmaßend ist zu denken, der Glaube würde immer bei uns bleiben, ist es genauso anmaßend zu denken, der Unglaube würde immer bei uns bleiben."

Damit meinte sie nicht, dass wir an einem Tag in Christus sind und am nächsten Tag verloren wären. Vielmehr wollte sie damit sagen, dass es Zeiten geben wird, in denen wir vollständig auf das vertrauen, was Gott sagt, und andere Tage, an denen der Glaube ein großer Kampf ist. Wie der

Vater, der mit seinem Glauben kämpft (Markus 9,24), rufen wir zu Gott: „Ich vertraue dir ja – hilf mir doch, meinen Unglauben zu überwinden!"

Sie sind ein Glaubender. Setzen Sie sich also heute zum Ziel, Ihre Zweifel anzuzweifeln und Ihrem Glauben zu glauben.

 ## PERSÖNLICHE FRAGEN

Frederick Buechner sagte: „Zweifel sind die Ameisen in den Hosenbeinen des Glaubens. Sie halten ihn wach und in Bewegung." Sehen Sie das auch so? Wie würden Sie mit Ihren eigenen Worten den Bezug zwischen Glauben und Zweifeln beschreiben?

 ## GEBET

Herr Jesus, zeige mir, wie ich meinen Glauben aufbauen und meine Zweifel entwaffnen kann. Amen.

ZUR VERTIEFUNG

LUKAS 7,18–23
Lukas erinnert uns, dass selbst der große Johannes der Täufer Momente des Zweifels hatte.

Seid barmherzig, wie euer Vater
im Himmel barmherzig ist!

LUKAS 6,36

Ohne um Erlaubnis zu fragen, nimmt ein Junge den Fußball seines großen Bruders mit in den Park. Prompt geht der Ball verloren.

Als der Junge ängstlich und unter Tränen gesteht, was er gemacht hat, und verspricht, den Ball zu ersetzen, antwortet der Bruder: „Kein Problem. Ich vergebe dir."

Barmherzigkeit.

Jesus erwähnt diese schöne Eigenschaft, als er lehrt, wie es aussieht, wenn wir so lieben, wie Gott liebt. Ein *barmherziger* Mensch zeigt Vergebung, obwohl er ein Recht hätte, es jemandem „so richtig zu geben". Barmherzigkeit ist Begnadigung und herzliches Mitgefühl.

Wir sprechen nicht ohne Grund in einem Buch über unsere Identität in Christus von Barmherzigkeit: Viele Christen fallen dem Perfektionismus zum Opfer. Sie denken fälschlicherweise, dass sie in ihrem geistlichen Leben *alles* genau richtig machen müssten. Jedes Mal, wenn sie die Wahrheit vergessen oder es nicht schaffen, danach zu leben, sind sie sehr selbstkritisch.

Wenn Jesus uns auffordert, barmherzig zu sein, sollen wir nicht nur anderen gegenüber barmherzig sein, sondern auch uns selbst gegenüber.

Wenn Gott uns nicht kritisiert, weil wir uns mit dem Wachsen schwertun, warum machen wir uns dann selbst fertig?

 PERSÖNLICHE FRAGEN

Gibt es einen Bereich in Ihrem Leben, in dem Sie sich schwertun? Machen Sie sich deshalb selbst fertig? Welchen Rat würden Sie einem guten Freund in einer solchen Situation geben? Geben Sie sich selbst den gleichen liebevollen Rat.

 GEBET

Vater, danke für deine Barmherzigkeit. Erfülle mich mit Mitgefühl, damit ich allen mit Barmherzigkeit begegnen kann, auch mir selbst. Amen.

 ZUR VERTIEFUNG

PSALM 25,4–7
Der Psalmist lobt Gottes große Barmherzigkeit.

88 Ich bin unschuldig

Du hältst zu mir, weil ich unschuldig bin.
Für immer darf ich in deiner Nähe bleiben.

PSALM 41,13

In der Bibel ist ein unschuldiger Mensch jemand, der einen anständigen Charakter hat, der integer ist.

Eine mögliche Definition von Integrität ist „Ganzheit". Bei Gebäuden spricht man von struktureller Integrität oder Unversehrtheit. Eine Brücke mit einem solchen Gütesiegel ist sicher, weil alle Säulen und alle Träger vorhanden sind, weil der Bodenbelag in Ordnung ist und weil die einzelnen Bestandteile zu einem starken, stabilen Ganzen zusammengefügt sind.

Das Gegenteil ist *Auflösung, Zerfall*. Die alte Holzbrücke, an der Schrauben fehlen, Balken morsch sind und die Verbindungen nicht mehr halten … Sie ist defekt. Sie *sieht* stabil aus, aber wagen Sie es lieber nicht, sie zu betreten!

In Christus macht Gott unser Leben, das vom Zerfall betroffen ist, wieder ganz. Das bedeutet nicht, dass wir perfekt wären. In unserem Leben wird ständig an dem großen Bauprojekt gearbeitet, das Gott in unserer Seele begonnen hat.

Beim ersten Anzeichen eines Schadens können wir Gott

bitten, uns wieder so ganz zu machen, wie wir es in Wirklichkeit sind.

 ## PERSÖNLICHE FRAGEN

In welchen Bereichen Ihres Lebens beobachten Sie Zerfall? Schreiben Sie ein Gebet an Gott und bitten Sie ihn, Sie ganz zu machen.

 ## GEBET

Herr, du sagst, dass ich unschuldig bin, und dafür preise ich dich. Hilf mir bitte, dass Christus durch mein Leben sichtbar wird. Amen.

 ## ZUR VERTIEFUNG

HIOB 2,1–10
Hiob lädt trotz seiner Probleme keine Schuld auf sich.

Ich bin demütig und werde dafür belohnt

Aber was Gott uns schenken will, ist noch viel mehr.
Darum heißt es auch: „Die Hochmütigen weist
Gott von sich; aber er wendet denen seine
Liebe zu, die wissen, dass sie ihn brauchen."

JAKOBUS 4,6

C.S. Lewis nannte den Stolz „die große Sünde" und fügte hinzu: „Durch Hochmut wurde der Teufel zum Teufel!"

Wenn wir stolz sind, überheben wir uns selbst. Wir sind arrogant und aufgeblasen und fangen an, die wahnwitzige Lüge zu glauben, wir bräuchten weder Gott noch sonst jemanden.

Nehmen Sie sich vor einem solchen geistlichen Hochmut in Acht und versuchen Sie, das zu leben, was Sie in Christus sind.

Hören Sie auf Jakobus' Warnung: Die Hochmütigen weist Gott von sich.

Wenn Gott einen Menschen von sich weist, führt das bestimmt nicht zu einem befriedigenden Leben. Aber auch der zweite Teil von Jakobus' Aussage gilt: Gott wendet denen seine Liebe zu, die wissen, dass sie ihn brauchen.

Wir zeigen Demut, wenn wir

• zugeben, dass wir selbst nicht weiter wissen,

- bekennen, worin wir versagt haben,
- gestehen, dass wir Gottes Hilfe brauchen.

Wenn wir das tun, kommt uns Gott mit seiner großzügigen Gnade entgegen und schenkt uns Weisheit, Vergebung, Kraft und alles, was wir sonst brauchen.

 ## PERSÖNLICHE FRAGEN

Wie viel Demut brauchen wir? Können wir jemals zu demütig sein? Wie können Sie Demut einüben?

 ## GEBET

Gott, bewahre mich vor der großen Sünde des Stolzes, damit ich deine großzügige Gnade erfahren und genießen kann. Amen.

 ## ZUR VERTIEFUNG

1. PETRUS 3,8–12
Petrus erläutert, dass der Herr einen Blick und ein offenes Ohr für die Gerechten hat.

90   Ich bin stark und standhaft

Aber ihr müsst standhaft bleiben und tun,
was Gott von euch erwartet. Er wird euch
alles geben, was er zugesagt hat.

HEBRÄER 10,36

Als Tim mit dem Gewichtheben anfing, schaffte er beim Bankdrücken mühsam 70 kg und das nur ein einziges Mal. Den Rest des Tages fühlte er sich schwach! Doch nachdem er ein Jahr lang dreimal in der Woche trainiert hat, kann er nun fast das doppelte Gewicht zehnmal hintereinander drücken.

Das ist ein ausgezeichnetes Beispiel für die Kraft und den Lohn, den es bringt, wenn man standhaft bleibt und nicht aufgibt. *Hypomenó*, das griechische Wort für *Ausdauer* oder *Standhaftigkeit,* setzt sich aus zwei Wörtern zusammen: *hypó* („unter") und *mén* („bleiben"). Das erklärt, wie es Tim gelang, so stark zu werden. Er ist standhaft geblieben und hat regelmäßige, anstrengende Trainingseinheiten durchgehalten, in denen er im buchstäblichen Sinn *unter* viel Gewicht *blieb.* Das viele Drücken und die Anstrengung haben nach und nach seine Kraft und Energie erhöht.

Geistliche Ausdauer erreichen wir auf die gleiche Weise. Wir praktizieren geistliche Übungen wie:

- Auftanken – Abgeschiedenheit und Stille
- Aufhorchen – Sünde bekennen und Gottes Wort lesen
- Aufblicken – Gebet und Lobpreis

Wenn wir „unter" der Wahrheit von Gottes Wort „bleiben", werden wir geistlich stark.

 ## PERSÖNLICHE FRAGEN

Welche der drei geistlichen Übungen, die hier beschrieben werden, wollen Sie regelmäßig praktizieren? Fangen Sie heute damit an!

 ## GEBET

Gott, halte mich davon ab aufzugeben, wenn das geistliche Leben schwer wird. Amen.

 ## ZUR VERTIEFUNG

HEBRÄER 12,1–3
Der Verfasser des Hebräerbriefs ermahnt die Christen, nicht müde zu werden und nicht den Mut zu verlieren.

91 Ich bin abhängig

Ich klammere mich an dich, und du
hältst mich mit deiner starken Hand.

PSALM 63,9

Mit rasendem Herzen und verkrampftem Magen stehen Sie auf der zehn Meter hohen Plattform und bereiten sich darauf vor, mit einer Seilrutsche eine tiefe Schlucht zu überqueren.

Sie haben zugesehen, wie zig andere diese Mutprobe gewagt und geschafft haben. Die Ausrüstung ist neu. Das Personal ist kompetent. Trotzdem haben Sie Angst.

Mit einem schraubstockartigen Griff klammern Sie sich an das dicke Seil, das Sie mit der Seilrutsche über Ihnen verbindet. Nach einigen ermutigenden Worten – und schließlich einem kräftigen Stoß – verschwindet die Plattform unter Ihnen. Sie spüren die Erdanziehungskraft. Sie fallen. Instinktiv ziehen Sie sich mit aller Kraft nach oben, während Sie über den Bäumen fliegen. Erst nachher wird Ihnen bewusst, dass Sie sich an das Seil geklammert haben, als würde Ihr Leben davon abhängen. Aber Ihr verkrampftes Festklammern war es nicht, was Sie gerettet und vor dem Sturz in die Tiefe bewahrt hat, sondern das starke Seil und ein gutes Gurtzeug haben Sie gehalten.

Sich festzuklammern ist gut. Aber David erkannte eine noch größere Wahrheit: Er wurde gehalten. Deshalb konnte er vertrauen.

Wir können uns auf unseren Gott verlassen, weil er immer zuverlässig ist.

 ## PERSÖNLICHE FRAGEN

Wann in Ihrem Leben waren Sie sich Ihrer Abhängigkeit von Gott am meisten bewusst? Gab es Zeiten, in denen Ihnen nicht bewusst war, dass Sie von ihm abhängig sind?

 ## GEBET

Gott, möge die Wahrheit, dass du mich nie loslässt, mich motivieren, dich *nie* loszulassen. Amen.

 ## ZUR VERTIEFUNG

JESAJA 41,8–13
Jesaja zeigt, wie uns der Herr an die Hand nimmt und hält.

92   Ich bin gewiss

Denn alle Zusagen Gottes erfüllen sich in ihm.
Und auf das, was Christus für uns getan hat,
antworten wir zur Ehre Gottes mit „Amen".

2. KORINTHER 1,20

Je nach Definition, Quelle und Zählmethode gibt es in der Bibel zwischen 3000 und 5000 Zusagen.

Das sind sehr viele göttliche Zusagen! Selbst wenn wir es mit der niedrigsten Zahl halten, haben wir reichlich Grund, mit Gewissheit und Zuversicht zu leben, selbst wenn wir mit solchen Schwierigkeiten konfrontiert werden, wie sie der Apostel Paulus tagtäglich erlebte.

Seit seiner Begegnung mit Jesus auf der Straße nach Damaskus (Apostelgeschichte 9,1–19) war Paulus voll und ganz auf Jesus konzentriert. Paulus sah ihn als die Erfüllung aller Zusagen an, die Gott gegeben hatte. Paulus sieht es so: Wenn Sie Jesus haben, haben Sie alles.

Kein Wunder, dass Paulus schrieb: Je mehr wir über die geistlichen Zusagen der Bibel nachsinnen – besonders über die Zusagen, wer wir in Christus sind –, umso mehr ruft unser Herz „Amen". Das bedeutet wörtlich: „So sei es."

Gott hält jede Zusage, die er gibt.

 PERSÖNLICHE FRAGEN

Welche Zusagen gibt uns Gott in der Bibel? Zählen Sie
einige auf. Stützen Sie sich auf diese Zusagen?

 GEBET

Vater, wenn du sagst, dass etwas so ist, dann ist es so!
Danke, dass du vertrauenswürdig bist. Amen.

ZUR VERTIEFUNG

HEBRÄER 11,1–13
Die Bibel berichtet, wie der Heilige Geist Menschen
inspirierte, die im Glauben handelten und sich auf Gottes
Zusagen stützten.

*Kämpfe den guten Kampf des Glaubens! Erringe
so das ewige Leben. Dazu hat dich Gott berufen,
und das hast du vor vielen Zeugen bekannt.*

1. TIMOTHEUS 6,12

Das Leben ist ein ständiger Kampf. Wenn zu Hause endlich alles ruhig läuft, bricht am Arbeitsplatz das Chaos aus. Wir sind finanziell endlich in den schwarzen Zahlen, doch dann werden wir durch unerwartete Rechnungen zurückgeworfen. Jeden Tag eröffnet sich ein neuer Kriegsschauplatz:

- Bombeneinschläge in unseren Beziehungen
- Angriffe auf unsere Gesundheit
- emotionale Landminen
- Ausbruchmanöver unserer Kinder

Würden Sie, wenn Sie sich abends schlafen legen, nicht manchmal am liebsten die weiße Flagge hissen und kapitulieren?

In puncto Glauben ist das nicht anders. Wir befinden uns immer in einem Belagerungszustand. Deshalb fordert uns Paulus auf: „Kämpfe den guten Kampf des Glaubens!"

Auch heute gilt: „Greift zu all den Waffen, die Gott für euch bereithält, zieht seine Rüstung an! Dann könnt ihr alle heimtückischen Anschläge des Teufels abwehren" (Epheser 6,11). Vielleicht müssen Sie für ein paar Stunden einen Schützengraben ausheben und in Deckung gehen. Später müssen Sie vielleicht Ihre verlorene Truppe suchen, einen verwundeten Kriegskameraden versorgen oder etwas ausspähen. Irgendwann müssen Sie einen Angriff gegen eine Sünde starten, die Ihr Herz gefangen hält.

Sie sind ein Kämpfer in der großen Schlacht des Lebens. Aber verzweifeln Sie nicht. Sie stehen auf der Siegerseite!

 ## PERSÖNLICHE FRAGEN

Wie oft haben Sie das Gefühl, auf der Siegerseite zu stehen? Was wäre in Ihrem Leben anders, wenn Sie sich zu 100 Prozent Ihrer Zeit so fühlen würden?

 ## GEBET

Gott, gib mir Kraft und eine neue Perspektive, während ich heute meine alltäglichen Kämpfe bestreite. Amen.

ZUR VERTIEFUNG

PSALM 18,38–50
Der Psalmist preist, wie Gott uns befähigt zu kämpfen.

Ich bin fest entschlossen, nicht nur zu hören

*Allerdings genügt es nicht, seine Botschaft
nur anzuhören; ihr müsst auch danach handeln.
Alles andere ist Selbstbetrug! Wer Gottes Botschaft
nur hört, sie aber nicht in die Tat umsetzt,
dem geht es wie einem Mann, der in den Spiegel
schaut. Er betrachtet sich, geht wieder weg
und hat auch schon vergessen, wie er aussieht.*

JAKOBUS 1,22–24

„Ich bin überzeugt", schrieb der Autor John Stott, „dass unser himmlischer Vater uns jeden Tag das Gleiche sagt: ‚Mein liebes Kind, du darfst nie vergessen, wer du bist.'"

Das haben wir am nötigsten. Und warum? Weil wir zwar die Wahrheit hören, aber sobald wir uns umdrehen, oft vergessen, was wir gehört haben.

Jakobus sagt, um unsere Vergesslichkeit zu überwinden, müssen wir zwei Dinge tun:

1. Gottes Wort hören,
2. tun, was Gottes Wort sagt.

Zum Beispiel haben Sie in der letzten Andacht gelesen, dass Christen Kämpfer sind. Wenn Sie das lesen, sollten Sie nicht nur zustimmend nicken. Setzen Sie das Gelesene in

Ihrem Leben um! Seien Sie heute ein Kämpfer. Greifen Sie eine sündige Angewohnheit in Ihrem Leben an. Setzen Sie geistliche Kriegsführung ein, indem Sie für einen Freund, der Schwierigkeiten hat, mutig beten.

Beschließen Sie, ein Nachfolger von Jesus zu sein, der sich aktiv daran erinnert, wer er in Christus ist.

 PERSÖNLICHE FRAGEN

In welchen symbolischen Spiegel können wir blicken, um zu sehen, wer wir in Christus sind? Was können wir tun, um das nicht zu vergessen?

 GEBET

Herr Jesus, hilf mir, dein Wort in die Tat umzusetzen und es nicht zu vergessen. Amen.

 ZUR VERTIEFUNG

1. CHRONIK 16,8–22 und Psalm 105
David lobt Gott und erinnert sich an die vielen Momente, in denen ihm Gott Gnade geschenkt hat.

95 Ich bin von Heiligen umgeben

So ermutigt und tröstet einander,
wie ihr es ja auch bisher getan habt.

1. THESSALONICHER 5,11

Mit echter Demut nimmt der erfolgreiche Mittelstürmer die Auszeichnung zum Fußballer des Jahres entgegen und gibt dann sofort das Lob an seine Trainer und an seine Mannschaftskameraden weiter: „Ich weiß, dass es vielleicht abgedroschen klingt, aber: Fußball ist ein Mannschaftssport. Wenn nicht so viele Menschen zusammengeholfen hätten, stünde ich jetzt nicht hier."

Jeder Christ, der eine gesunde Gemeinde erlebt hat, könnte das Gleiche sagen. Wir brauchen einander. Wir sind nicht für ein geistliches Leben in Isolation geschaffen. Deshalb führt das Neue Testament so viele Beispiele auf, wie wir einander helfen sollen – konkrete Dinge, die wir füreinander tun sollen. Ermutigung – sowohl einfühlsamer Trost, wenn wir kämpfen, als auch eine klare Ermahnung, wenn wir in die Irre gehen – ist eine der vielen Möglichkeiten, wie wir uns gegenseitig unterstützen können.

Ihre wahre Identität in Jesus anzunehmen und in Ihrem Leben umzusetzen, wird leichter, wenn Sie es in Gemeinschaft tun.

? PERSÖNLICHE FRAGEN

Sind Sie in einer christlichen Kleingruppe oder Gemeinde aktiv? Haben Sie jemanden, mit dem Sie regelmäßig über Ihr Leben als Christ sprechen? Wenn nicht, könnten Sie sich heute einen solchen Gebetspartner suchen?

GEBET

Herr, danke für die Macht der christlichen Gemeinschaft. Benutze Sie zu deinen Zielen in meinem Leben. Amen.

ZUR VERTIEFUNG

HEBRÄER 10,23–25
Gottes Wort betont, wie wichtig es ist, dass wir Zeit mit anderen Gläubigen verbringen.

96 Ich bin ein Bote

Ihr aber seid ein von Gott auserwähltes Volk,
seine königlichen Priester, ihr gehört ganz
zu ihm und seid sein Eigentum. Deshalb sollt
ihr die großen Taten Gottes verkünden, der
euch aus der Finsternis befreit und in
sein wunderbares Licht geführt hat.

1. PETRUS 2,9

In seinem Brief an die Gläubigen, die verfolgt wurden und deshalb verstreut waren und teilweise viel erlitten hatten, erinnert Petrus sie, wer sie in Christus sind: ein auserwähltes Volk, Gottes königliche Priester, ein heiliges Volk, Gottes Eigentum.

Diese eindrückliche Erinnerung, dass sie etwas ganz Besonderes sind, hat den verfolgten Christen sicher Mut gemacht. Trotzdem war es nicht Petrus' vorrangiges Ziel, dass sich seine Leser besser fühlten. Er schrieb, wozu diese wunderbare Wahrheit führen sollte: „Deshalb sollt ihr die großen Taten *Gottes* verkünden, der euch aus der Finsternis befreit ... hat" (Hervorhebung durch den Autor).

Wenn wir Bücher wie dieses Andachtsbuch lesen und darüber nachdenken, wer wir in Christus sind, tun wir das nicht zu *unserem eigenen Nutzen*. Wir setzen diese

Wahrheit ein, um Gott die Ehre zu geben und der Welt etwas Gutes zu tun.

Je mehr wir die gute Nachricht begreifen und erkennen, was Gott für uns und in uns getan hat, umso mehr wollen wir sie verkünden!

 ## PERSÖNLICHE FRAGEN

Wann hatten Sie das letzte Mal so gute Neuigkeiten, dass Sie es nicht erwarten konnten, sie anderen zu erzählen? Ist die gute Nachricht von dem, was Jesus für uns getan hat, nicht noch viel besser?

 ## GEBET

Gott, gib mir heute als dein auserwähltes Kind eine Gelegenheit, jemandem zu erzählen, wie du mein Leben verändert hast. Amen.

 ## ZUR VERTIEFUNG

APOSTELGESCHICHTE 5,33–42
Lukas berichtet von der Entschlossenheit der Apostel, nie aufzuhören, die gute Nachricht weiterzusagen.

97 Ich bin immer mehr so, wie Gott mich geschaffen hat

Euer Leben soll immer mehr von der
unverdienten Liebe unseres Herrn und Retters
Jesus Christus bestimmt werden. Lernt ihn immer
besser kennen! Ihm allein gebührt alle Ehre –
jetzt und in Ewigkeit! Amen.

2. PETRUS 3,18

Jemand legte das Ei eines Adlers in das Nest eines Präriehuhns. Das verwirrte Adlerjunge pickte im Staub und fraß Körner und Würmer. Eines Tages erkundigte sich der junge Adler nach dem faszinierenden Vogel, der über ihm am Himmel kreiste.

„Das ist ein Adler!", bekam er zur Antwort. „Der faszinierendste Vogel, den es gibt. Aber wir werden *nie* so sein wie er!" Der junge Adler nickte und pickte weiter in der Erde. Als er Jahre später starb, war er immer noch fest davon überzeugt, nur ein Präriehuhn zu sein.

Leider ist das auch die Geschichte vieler Christen. Sie haben keine Ahnung, wer sie in Wirklichkeit sind. Statt sich zu dem Menschen zu entwickeln, der sie in Christus sind, geben sie sich mit viel weniger zufrieden.

Akzeptieren Sie nicht das, was Ihnen als wahr *erscheint*. Es ist so, wie Petrus in seinem Brief an die verfolgten

Christen schreibt: Wir sollen immer mehr wachsen. Die Worte, die der große Zauberer Gandalf im Klassiker *Der Hobbit* zu dem ängstlichen kleinen Bilbo sagt, sind wahr: „In dir steckt mehr, als du ahnst."

 ## PERSÖNLICHE FRAGEN

Glauben Sie, dass mehr in Ihnen steckt, als Sie ahnen? Wie kann diese Erkenntnis Ihr Verhalten ändern? Wie ändert es die Entscheidungen, die Sie treffen?

 ## GEBET

Herr Jesus, hilf mir, in der Gnade und Erkenntnis Gottes zu wachsen, damit ich all das werde, wozu du mich geschaffen hast. Amen.

 ## ZUR VERTIEFUNG

2. PETRUS 1,3–11
Der Apostel Petrus beschreibt, was Wachstum in Christus bedeutet.

98 Ich bin ständig von Gottes Geist begleitet, der mir hilft

Dann werde ich den Vater bitten, dass er
euch an meiner Stelle einen anderen Helfer gibt,
der für immer bei euch bleibt. Dies ist der
Geist der Wahrheit. Die Welt kann ihn nicht
aufnehmen, denn sie ist blind für ihn und
erkennt ihn nicht. Aber ihr kennt ihn,
denn er bleibt bei euch und wird in euch leben.

JOHANNES 14,16–17

Hatten Sie als Kind auch einen unsichtbaren Freund?

Stellen Sie sich für einen Moment einen echten unsichtbaren Freund vor:

- stark wie Simson,
- weise wie Salomo,
- immer da wie die Luft, die Sie atmen.

Angenommen, dieser Freund kennt Sie in- und auswendig. Er kennt Sie viel besser, als Sie sich selbst kennen. Und angenommen, dieser Freund kann jede Situation, der Sie je begegnen, voraussagen, und er kann Ihnen genau das geben, was Sie für diese Situation brauchen.

Hätten Sie gern einen solchen unsichtbaren Freund? Sie haben diesen Freund. Er ist der Geist der Wahrheit. Er wohnt in uns Gläubigen, er lehrt uns, er öffnet uns die Augen, wenn wir in die Irre gehen, und er gibt uns Kraft für unseren Dienst.

Der Heilige Geist, der in uns wohnt, öffnet uns die Augen dafür, wer wir in Christus in Wahrheit sind.

 ## PERSÖNLICHE FRAGEN

Wie bewusst ist Ihnen, dass der Heilige Geist jeden Tag bei Ihnen ist? Wie würden Sie diese Frage auf einer Skala von 1 bis 10 beantworten, wobei 1 „nie" und 10 „ständig" bedeutet?

 ## GEBET

Geist des lebendigen Gottes, regiere in mir und erfülle mich. Mache mich bitte mehr wie Jesus. Amen.

ZUR VERTIEFUNG

RÖMER 8,1–17
Paulus zeigt, was möglich ist, wenn wir uns von Gottes Geist führen lassen.

99 Ich bin jemand, der jederzeit vor Gottes Thron kommen darf

Er tritt für uns ein, daher dürfen wir voller Zuversicht
und ohne Angst vor Gottes Thron kommen.
Gott wird uns seine Barmherzigkeit und Gnade
zuwenden, wenn wir seine Hilfe brauchen.

HEBRÄER 4,16

Erinnern Sie sich an die Filmszene im *Zauberer von Oz*, als Dorothy und ihre Reisegefährten in den Saal des „großen und mächtigen Oz" treten? Zitternd und stammelnd bitten Sie um Mut, Verstand, Herz und die Rückkehr nach Hause.

Sie haben keine Ahnung, dass Oz kein echter Zauberer ist und dass er in Wirklichkeit gar keine Macht hat.

Vergleichen Sie diese Szene mit der Einladung aus dem Hebräerbrief:

- Dank Jesus haben Christen Zugang zu Gottes Thron. Mit anderen Worten, Gott verbirgt sich nicht hinter irgendeinem Vorhang.
- Wann dürfen wir uns seinem Thron nähern? Wann immer wir seine Hilfe brauchen.
- Es kommt noch besser: Wir können voller Zuversicht und ohne Angst vor Gottes Thron kommen. Wir sollen ihm die Ehre geben, aber wir brauchen nicht vor Angst zu zittern.

- Im Gegensatz zu Dorothy und ihren Freunden beim machtlosen Zauberer bekommen wir tatsächlich die göttliche Hilfe, die wir brauchen, wenn wir zu Gottes Thron kommen.

Wo könnten wir besser Gnade finden als vor Gottes Gnadenthron?

 ## PERSÖNLICHE FRAGEN

Wenn Sie mit Gott sprechen, beten Sie dann voll Zuversicht? Voll Zuversicht, dass Gott Sie hört? Voll Zuversicht, dass Sie ihm wichtig sind? Dass er antworten wird?

 ## GEBET

Herr, gib mir genügend Verstand, um in deiner Gegenwart zu bleiben, wenn es mir schwerfällt, dich zu erkennen, dich zu lieben und dir nachzufolgen. Amen.

 ## ZUR VERTIEFUNG

HEBRÄER 4,14–16
Der Verfasser des Hebräerbriefs erklärt, warum und wie unvollkommene Menschen zu Gottes Thron kommen können.

100) Ich bin ...

*Wer Ohren hat, soll hören, was Gottes Geist den
Gemeinden sagt. Wer durchhält und den Sieg
erringt, wird Brot vom Himmel essen, und ich
werde ihm einen weißen Stein geben. Darauf steht
ein neuer Name, den nur der kennt, der ihn erhält.*

OFFENBARUNG 2,17

Wer sind wir in Christus? Wir sind all das Wunderbare, das wir auf diesen Seiten gelesen haben.

Falls das immer noch nicht genug sein sollte, sind wir noch etwas anderes.

Im letzten Buch der Bibel steht die oben zitierte geheimnisvolle Aussage. Niemand weiß genau, was sie bedeutet. Dem, der den Sieg erringt, wird Brot vom Himmel und ein weißer Stein versprochen. Auf diesem weißen Stein steht ein neuer Name.

Nur Gott kennt den Namen, der auf Ihrem Stein stehen wird. Bis dahin hält er ihn unter Verschluss. Wenn er ihn offenbart – anscheinend nur Ihnen –, wird es eine Art himmlischer liebevoller Kosename sein.

In alle Ewigkeit wird Gott Sie bei einem Namen rufen, der Sie mit Freude erfüllen wird.

PERSÖNLICHE FRAGEN

Zählen Sie einige Menschen aus der Bibel auf, die von Gott einen neuen Namen bekommen haben. Was für ein Gefühl ist es, zu wissen, dass Sie auch zu diesen Menschen gehören?

GEBET

Gott, danke für meine wahre Identität in Christus. Ich freue mich darauf, siegreich zu sein und einen neuen Namen zu bekommen. Amen.

ZUR VERTIEFUNG

PHILIPPER 3,17–21
Paulus rühmt die Tatsache, dass unser wahres Zuhause im Himmel ist.

© 2019 by Gerth Medien GmbH, Dillerberg 1, 35614 Asslar

Wenn nicht anders angegeben, wurden die Bibelstellen der folgenden
Übersetzung entnommen:
Hoffnung für alle®, Copyright © 1983, 1996, 2002, 2015 by Biblica Inc.®.
Verwendet mit freundlicher Genehmigung von Fontis – Brunnen Basel.
Alle weiteren Rechte weltweit vorbehalten.
Weitere verwendete Übersetzungen: Neue Genfer Übersetzung (28);
Elberfelder Bibel (4, 73, 75, 77).

1. Auflage 2019
Bestell-Nr. 817594
ISBN 978-3-95734-594-3

Umschlaggestaltung: Anna-Lisa Offermann
Satz: Greiner & Reichel GmbH, Köln
Druck und Verarbeitung: GGP Media GmbH, Pößneck
Nachdruck, auch auszugsweise, nur mit Genehmigung des Verlages.

Printed in Germany